Klaus Feldmann

Das waren die Nachrichten

Erinnerungen

Das Neue Berlin

Inhalt

Begrüßung 7
Wie alles begann 11
Ich schnuppere Rundfunkluft 27
Lehrjahre 35
An der Rundfunkschule 45
Militärisches Zwischenspiel 58
Berlin, ich komme! 62
Vom Sprechen und Versprechen 75
Neuland 87
Zwischen Rundfunk und Fernsehen 99
Alles wird anders 108
Ich darf zum Fernsehen! 114
Ein Stückchen Erinnerung pur 129
Der Spaßfaktor 131
Noch einmal beim Militär 149
Und nun der Sport 153
Die politische Bühne 163
Kein Tauwetter in Sicht 170
Abspann 189

Begrüßung

Wenn ich mit Lesungen kreuz und quer durch das Land unterwegs bin und die Besucher mit »Guten Abend, meine Damen und Herren« begrüße, geht ein amüsiertes Raunen durch die Reihen, oft gibt es sogar Beifall. Diese schlichte Begrüßung ist schon fast zu einem Markenzeichen für mich geworden. 28 Jahre »Aktuelle Kamera« haben das bewirkt.

Mir stellt sich allerdings die Frage, ob man generell vor Nachrichten mit Inhalten über Not und Elend, Betrug und Korruption, Wahlfälschung, Arbeitslosigkeit, Krieg und Aggression und dergleichen mehr den Menschen vor den Bildschirmen bedenkenlos noch einen guten Abend wünschen kann.

Wie viele Male diese Begrüßung aus meinem Munde kam, kann ich nicht sagen. Sicher, es ließe sich in etwa ausrechnen oder wie eine Wahlprognose hochrechnen. Beispiele aus der Gegenwart belegen jedoch, daß dieses Additionsverfahren mitunter weit neben der Realität liegt.

Auch fehlten dann auf der Begrüßungsliste immer noch die zigmal »Guten Morgen« und »Guten Tag«. Und das nicht nur mit dem Anhängsel »meine Damen und Herren«, sondern auch »liebe Hörerinnen und Hörer« für Konsumenten von Radiosendungen. Wobei ich hier noch nicht einmal unterscheiden mag zwischen den einzelnen Varianten bei der Begrüßung der Rundfunkhörer, die auch Formulierungen wie, »sehr verehr-

te« oder sogar »meine sehr verehrten Hörerinnen und Hörer« einschloß. Alle Sprechereleven übernahmen diese Begrüßungen, wie sie sie von den als erfahren geltenden Kollegen gehört hatten, da ihnen ja gar keine anderen Möglichkeiten blieben, bis vielleicht auf die Einschränkungen, die man bei den »Fachhörern« vornehmen konnte: »Liebe Freunde der Tanz-« oder »Volksmusik«, »Opern-, Operettenfreunde«, »Sportfreunde« usw. usw.

Rundfunksprecher und -sprecherinnen »lieben« und »verehren« ihre Hörerinnen und Hörer, ganz gleich zu welcher Tages- oder Nachtzeit, ob werk-, sonn- oder feiertags. Und natürlich sollen die Menschen an den Radioempfängern auch noch stimmlich mitbekommen, wie glücklich zum Beispiel der Herr Feldmann ist, für Sie das Programm ansagen zu dürfen. Also legt er ein Lächeln auf seine Stimmbänder und zerfließt fast vor Freundlichkeit und Charme. Und wenn sich heute auch die Begrüßung im Rundfunk leicht verändert hat, mit »Hallo« und »ich grüße Sie« oder sogar mit einer herzlichen Duzform kumpelhafte Züge annimmt, das Lächeln und Glucksen auf der Glottis ist geblieben, ja, hat sich noch verstärkt. Unübertroffen bleiben die oralen Freundlichkeiten bei Gruß- und Glückwunschsendungen, in denen sich der sprechende Grußbotschafter auch noch mit selbstverfaßten Gedichten der Absender über die Runden zu retten versucht: »Kaum zu glauben, aber wahr, der Bruno wird heut sechzig Jahr!« oder »Dein Ehrentag ist heute, drum gratulieren viele Leute. Mit 50 siehst du noch gut aus, wir kommen heut, dann gibst du einen aus!« Unter Eingeweihten wurden diese Sendungen damals auch Erbschleichersendungen genannt.

Irgendwann aber hatte irgendeiner, der glaubte, etwas zu sagen zu haben oder sich dazu äußern zu müssen, analysiert, daß der ständige Gebrauch dieser Hörer-Liebkosungen unglaubwürdig sei. Denn, wieso liebe und verehre ich Leute, die ich gar nicht kenne? Nur weil sie vorm Radio hocken?

Da sei was dran, kam man auch ohne Berater zu der Erkenntnis und reduzierte fortan die sprachlich formulierte Hörerliebe und -verehrung.

Meine Mutter hatte eh nie verstanden, und ich gebe zu, das Mitleid mit ihrem armen Jungen genossen zu haben, sie hatte nie verstanden, wie ich früh um fünf schon fit fürs Sprechen sein konnte, denn seit der Kindheit bis heute hat sich bei mir erhalten, daß ich erst richtig in die Gänge kommen muß, um für ein Gespräch bereit zu sein. Und dazu gehört eine gute Tasse Kaffee. Wohlgemerkt. Kaffee! Nicht ein Getränk, bei dem man sagt, ihr habt aber schmackhaftes Wasser. Mir geht es da wie jenem Sachsen, der in der Konditorei starken »Kaffe« bestellt und von seinem Freund darauf aufmerksam gemacht wird, daß er nicht immer so starken Kaffee trinken solle, da der ihn nur aufrege. Starker Kaffee rege ihn nicht auf, entgegnet dieser, aber dünner!

Als Morgenmuffel sehe ich mich trotzdem nicht. Aber Menschen, die jeden Morgen mit fröhlichem und lautem He und Hallo ins Büro stürzen, verursachen mir fast körperliche Schmerzen.

Da ich aber nun einmal das Sprechen zu meinem Beruf erklärt hatte, mußte ich mich eben auch in dieser Hinsicht umstellen und umgewöhnen.

Nun wird vielleicht der eine oder andere, der mich nur vom Fernsehen kennt, etwas gestutzt haben bei den Ausführungen zum Rundfunk. Viele wissen gar nicht, daß auch bei mir, wie bei zahlreichen anderen Kollegen – und das einte schon in grauer Vorzeit Karrieren in Ost und West – die Sprecherwiege im Rundfunk stand.

Wie alles begann

Wiege ist natürlich nicht wörtlich zu nehmen. Aber immerhin durfte ich schon mit knapp 13 Jahren den Mikrofontraum erleben. Ich mache deshalb darauf aufmerksam, daß ich nicht im Rundfunk geboren wurde, weil man heute durchaus bei einigen Damen aus der Fernsehbranche auf den Gedanken kommen könnte, sie möchten ihr Kind auf der Bühne oder im Fernsehstudio zur Welt bringen. Da dem offensichtlich noch arbeitsrechtliche oder versicherungstechnische Paragraphen im Wege stehen, läßt man wenigstens per Kamera die Welt an den Wehen und Geburten teilnehmen, wobei an der Nabelschnur noch ein prallgefülltes Geldsäckchen hängt.

Das reale Schaukelbett der Geburt stand in Langenberg bei Gera. Moment mal, werden da einige Kenner der Materie, Sammler von Zeitungsausschnitten, ehemalige Spielgefährten, Mitschüler und Sportkameraden sagen, der ist doch Leipziger!

Das ist richtig. Und in Fernsehfilm-Dialogen würde es in solchen Fällen heißen: »Ja, aber es ist nicht so, wie Sie denken!«

Also, ich will meine sächsische, meine Leipziger Herkunft überhaupt nicht leugnen. Schließlich bin ich stolz, daß ich trotz sächsischer Sprachprägungen einen Beruf ergreifen konnte, der im wesentlichen von hochdeutscher Lautbildung lebt. Und dabei muß man wissen, der Dialekt rund um Leipzig wird, was ich vehement bestreite, als der übelste im sächsischen Gebiet angesehen. Und das auch noch von Sachsen selbst. Naserümpfend heben sich da besonders die Dresdner hervor. Und auch bei meiner eigenen Verwandtschaft und Bekanntschaft, die weit verstreut im Sachsenlande lebte und lebt, von den Thüringern ganz zu schweigen, ist dieser regionale Sprachdünkel zu bemerken. Nur wir in Leibzsch würden so schludrig zum Beispiel mit den harten und weichen Konsonanten umgehen. »Gaiser Garl gonnde geene Gimmelgerne gaun!«

Jedoch schon unsere Leipziger Volksdichterin Lene Voigt (1891–1962) hat diese Legende als unwahr entlarvt und in einer ihrer Geschichten bewiesen, daß das K in ganz Sachsen als G gesprochen wird. Als sie nämlich einmal mit ihrem Kusinchen, die eine hochdeutsche Kinderstube genossen hatte, in einem Wirtshausgarten in der Nähe von Meißen das Mittagsmahl einnahm, kam auch die Rede auf den bewußten Konsonanten. Und es sei auch nicht das erste Mal gewesen, so Lene Voigt, daß man von Dresden her den Zeigefinger gegen sie erhoben hätte, um ihr zu verstehen zu geben, so, wie sie die Sachsen schildere, seien sie nicht. Auch das Kusinchen glaubte nicht an das allgegenwärtige sächsische »Ga«. Lene Voigt schreibt: Schon wollte ich das Thema wechseln, als eine biedere Fünfzigerin uns zwei Disputierende mütterlich ermahnte: »Nich so viel baabeln beis Ässen, sonst wärn de Gardoffeln gald!«

Betreffs sprachlicher Überheblichkeit ist da noch der süddeutsche Raum zu nennen, sprich Bayern, wo sie besonders stolz auf ihre Sprache sind, die dialektisch sogar in den öffentlich rechtlichen Anstalten gepflegt wird. Dabei haben sie ähnliche Probleme mit den harten und weichen Konsonanten wie wir Sachsen. Nehmen wir beispielsweise das bayrische Kaugörl Nicki. Was singt sie: »wenn i middi danz«. Mal abgesehen von der Steno-Sprache, die ganze Buchstaben und Silben verschwinden läßt, »danz« ist eindeutig sächsisch. Das harte T wird zum weichen D umfunktioniert. Es muß demnach zwischen den beiden Volksstämmen mehr Seelenverwandtschaft geben als die gemeinsame Grenze und den Hang zur Freistaaterei. Vielleicht aber haben wir gerade da den Schlüssel: Freistaat.

Möglicherweise sind sich Sachsen und Bayern deshalb so nahe, weil sie beide nicht richtig erklären können, was es denn mit dem Freistaat auf sich hat. Bei anderen Freistaatenbewohnern wird das nicht anders sein. Wer weiß schon, daß dieser Zusatz zum Ländernamen nur ein Festhalten an alter Tradition ist beziehungsweise, was die sogenannten neuen freistaatlichen Bundesländer betrifft, ein Wiederherbeiholen »alter Werte«.

Ursprünglich ist Freistaat nur die deutsche Bezeichnung für Republik. Nach 1918 bezeichnete sich so die Mehrzahl der deutschen Länder. Die deutsche Gründlichkeit mit dem Hang zu Übertreibungen läßt Republiken in der Republik entstehen, Staaten, bei denen die Staatsgewalt nicht bei einer einzelnen Person konzentriert ist, sondern von der Volksgesamtheit oder wenigstens von einer führenden Minderheit ausgeht, lehrt mich das Lexikon. Doch das stimmt ja nun auch schon nicht mehr. Sollte es nach den jüngsten Erfahrungen nicht besser heißen: »... bei dem die Gewalt von einer einzelnen Person innerhalb einer gierigen Minderheit ausgeht!« Und damit Basta zu diesem Thema!

Ich war bei Leipzig stehengeblieben und meiner sächsisch-thüringischen Zwitterstellung.

Nein, auf meine Vaterstadt lasse ich nichts kommen. »Mein Leipzig lob ich mir« hat schließlich schon Goethe gepriesen, und der hatte trotz mehrjährigen Lebensmittelpunktes in Thüringen seinen angeborenen hessischen Sachverstand nicht verloren.

Doch ich bin ja noch die Erklärung schuldig: Meine

Mutter stammt aus Langenberg bei Gera. Sie heiratete und zog nach Leipzig. Als sich das erste und zwei Jahre später auch das zweite Kind ankündigte, fuhr sie zwecks Entbindung zu ihren Eltern nach Langenberg und wurde in der elterlichen Wohnung durch eine familieneigene Hebamme, nämlich ihre Tante, jeweils immer von einem Jungen entbunden. Und so sind mein Bruder und ich gebürtige Thüringer, die allerdings, nach Feststellung ihrer Reisetauglichkeit, so schnell wie möglich in den Freistaat Sachsen überführt wurden.

Ich habe später, als ich einen gewissen Bekanntheitsgrad erlangt hatte, aber auch heute noch, daraus insofern Kapital geschlagen und um die Gunst der Leute gebuhlt, als ich mich in Thüringen als einer von ihnen und in Sachsen ebenfalls als einen der ihrigen ausgab.

Leider hat diese Freistaatenbürgerschaft für mich keinerlei steuerliche Vorteile.

Leipzigs neuer Einwohner Klaus, Jahrgang 1936, wächst im wohlbehüteten elterlichen Arbeiterhaushalt in Gohlis auf, im sogenannten französischen Viertel. In Erinnerung an die Völkerschlacht bei Leipzig trugen die Straßen unserer Gegend französische Namen wie Fabrice-, Rhone- oder Beaumontstraße. Viele moderne neue Häuser entstehen, mit Bädern, Waschhäusern im Hof und auf dem Boden und einem Gemeinschaftsbad sowohl im Keller als auch unterm Dach für ein paar kleinere Wohnungen ohne eigenes Bad. »Wem es zu wohl is, der zieht nach Gohlis«, heißt es.

In dem fünfgeschossigen Doppelhaus (damals zählte man allerdings nur vier Etagen plus Erdgeschoß) wachse ich teilweise mit bis zu 18 Kindern beiderlei Geschlechts auf, wobei die männlichen Spielgefährten überwiegen, die einen etwas älter, andere jünger. Auch die Spielmöglichkeiten für uns sind großzügig und für die Eltern ideal zu beaufsichtigen – solange wir noch klein sind. Der Innenraum des Wohngeländes ist unterteilt in Trockenplatz für die Wäsche, Abstellflächen für die Müllbehälter und einen großen Spielplatz mit einem riesigen Sandkasten.

Wir spielen Räuber und Gendarm und Krieg, während nach und nach aus dem Spiel für die Väter bitterer Ernst wird.

In den ersten Kriegsjahren kommen die Väter öfter noch auf Heimaturlaub, später kommen einige gar nicht mehr, und schließlich kommt der Krieg zu uns mit seinen Bombenangriffen. Immer öfter verkündet eine markige Stimme aus dem Volksempfänger die Luftlagemeldungen, in immer kürzeren Zeitabständen rufen nachts die Sirenen vor den nahenden, todbringenden Bomberverbänden in die eingerichteten Luftschutzkeller. Ich will nicht. Selbständig ziehe ich mich nicht an. Die Mutter muß es mit sanfter Gewalt tun. Als die Brand-, Splitter- und Phosphorbomben das lange verschonte Gohlis erreichen, entschließt sich unsere Mutter im Januar 1944, meinen Bruder und mich nach Langenberg zu den Großeltern zu bringen. Sie selbst muß nach Leipzig zurückkehren. Die Frauen werden in der Rüstungsindustrie gebraucht.

Auch in Langenberg merkt man natürlich den Krieg. Hier wird er sogar personifiziert durch die Flüchtlingskinder, die in unsere Schule kommen, solange noch Unterricht stattfindet. Eines Tages ruft der Direktor nicht mehr in SA-Uniform zum Appell. Der Schulbetrieb wird eingestellt. Die Zensurenerteilung für das 1. Halbjahr des Schuljahres 1944/45 fällt aus kriegsbedingten Gründen aus. Dort, wo wir schreiben und rechnen lernen sollen, liegen nun einst so siegreiche Soldaten, verwundet und verkrüppelt, im Notlazarett unter der Wandtafel, an der einige von ihnen vor kurzem noch Aufgaben gelöst hatten.

Ich erlebe in Langenberg den Einmarsch der Amerikaner. Von unserem Küchenfenster aus können wir sie

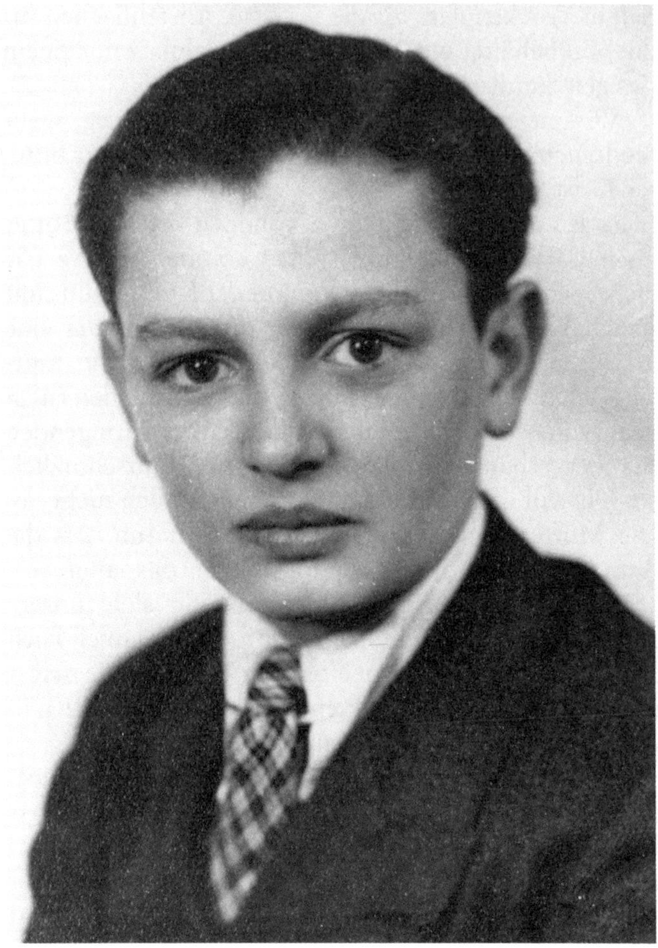

Klaus im Alter von 13 Jahren

sehen, wie sie an der kurz zuvor gesprengten Autobahnbrücke gestoppt werden.

SS entledigt sich in der benachbarten Tankstelle ihrer LKW-Anhänger und flüchtet nach einem kurzen Versuch, mit Stacheldraht das untergehende Reich zu retten. Kurze Zeit später verteilen sich auf die Häuser abgemergelte, zu Tode erschöpfte Männer in gestreiften Anzügen. Ich sehe zum ersten Mal KZ-Häftlinge, ohne zu wissen, was das bedeutet.

Die Ereignisse überschlagen sich. Den Amis ist es gelungen, die Autobahnbresche zu stopfen, und sie ziehen in unsere Straße ein. Wir stehen vor der Tür, jubeln ihnen zu. Das ist nicht ganz einfach. Die Hose rutscht. Ihr fehlt der Jungvolkgürtel, den auch ich trage, obwohl ich noch nicht das entsprechende Alter habe.

»Wenn die Amis den sehen, nehmen sie euch mit«, sagen die Alten. Statt »Blut und Ehre«, wie auf dem Koppelschloß steht, schwitze ich Blut und Wasser. Plötzlich überraschen zwei deutsche Tiefflieger mit ihren Bordkanonen die lässig auf den Jeeps sitzenden GIs. Wir flüchten ins schützende Haus und kommen erst wieder zum Vorschein, als alles vorbei ist. Ein paar Tage später treibt uns die Neugier in das Gelände, wo die Wracks der Stukas liegen.

Die Amerikaner richten sich im Ort häuslich ein, wir Kinder lungern um sie herum und ergattern so manche Tafel Schokolade, erkunden, wo sie ihre Vorräte lagern, und bedienen uns. Und das nicht zu knapp, denn das Wachverhalten der Amis ist nachgerade leichtsinnig zu nennen. Unser Vorteil! Inzwischen haben wir uns so gut mit den Soldaten angefreundet, daß wir sogar die eingeführte Sperrstunde mißachten dürfen und nicht selten noch mit dem Jeep vor der Haustür abgesetzt werden. So könnte das Leben eigentlich weitergehen.

Da denken die Neuordner der Gesellschaft aber anders. Alles wird getan, damit die kriegsgeschädigte Jugend nicht vollends verlottert, sondern wieder lerneifrig in den Schulbänken sitzt. Und da der Straßen- und Schienenverkehr langsam wieder in Gang kommt, holt uns Mutter, wenn auch über einige Umwege, zurück nach Leipzig.

Die passierbaren Verkehrswege und das noch intakte Schienennetz sind total überlastet.

Unser Umzug deckt sich mit dem Austausch der Besatzer. Im Juni/ Juli 45 verlassen die Amerikaner die Messestadt, und die Russen ziehen ein.

Bereits im Juli 1946 gibt es für das Schuljahr 1945/46 das erste Zeugnis nach dem Kriege, auf das näher einzugehen nicht lohnt.

Die Spielgefährten sind alle noch da. Auch die Flakhelfer haben unversehrt ihre Stellungen verlassen können. Einige der Väter sind noch in Gefangenschaft. Zwei liegen in fremder Erde. In unserm Doppelblock überwiegt das Matriarchat.

Und das funktioniert hervorragend, auch wenn die Mütter berufstätig sind und wir als Schlüsselkinder den Tag totzuschlagen versuchen. Obwohl, Langeweile kann nicht aufkommen, jeder hat irgendwelche Pflichten zu erfüllen. Schließlich muß man zusehen, daß von den knappen Obst- oder Gemüselieferungen beim Händler auch was auf den Tisch kommt. Da das aber alle Spielkameraden betrifft, ist die Anstehgemeinschaft leichter zu ertragen.

Unsere Hofclique umfaßt neun Jungen. Wir verstehen uns prima, auch wenn es mal kracht. Aber das ist dann genauso schnell wieder vergessen. Die Interessen sind fast deckungsgleich. Es wird viel gelesen. Wir haben Nachholbedarf. Die Erwachsenen mischen sich in unsere Streitigkeiten nur selten ein. Die vertragen sich schon wieder, lautet ihre Devise. Bei Kinderkrächen ist es erfahrungsgemäß so, daß die parteiergreifenden Eltern noch zerstritten sind, wenn sich die Kinder längst wieder vertragen.

Etwa eine halbe Stunde Fußweg ist es bis zur Leihbücherei. Wenn wir gemeinsam gehen, ist natürlich der halbe Tag weg. Es gibt vieles zu entdecken. Noch stehen überall unbeaufsichtigt Ruinen. Die Schilder »Vorsicht Einsturzgefahr!« gelten nicht für uns. Leichtsinn? Ja, sicher. Wir kannten zwar Goethes Tasso-Weisheit noch nicht, aber auf uns zutreffend war sie ganz bestimmt: »Wir Menschen werden wunderbar geprüft; wir könnten's nicht ertragen, hätt' uns nicht den holden Leichtsinn die Natur verliehn.«

Das langsam wieder in Gang kommende Sportgeschehen fesselt auch uns. Nicht nur, daß wir bei Fußballspielen als Zuschauer dabei sind, wir spielen auch selbst. Nicht in einem Verein, nein, nur so für uns oder gegen andere Hof- oder Straßenmannschaften. Die Spielansetzungen werden in der Schule ausgehandelt.

Unser Großvater väterlicherseits war in Bad Lausick Chef einer Turnhalle. Dadurch kamen mein Bruder und ich in den Besitz eines schönen, richtigen Lederballs mit Gummiblase und Lederschnürung, die sich bei einer Kopfballannahme schon mal auf der Stirn abzeichnen konnte. Rasenflächen zum Bolzen gab es genug. Da meckerte auch noch keiner, wenn wir die Grasnarbe mal beschädigten. Hauptsache, die Jugend war von der Straße weg und kam nicht auf dumme Gedanken.

Natürlich wollten wir auch auf richtigen Plätzen spielen. In Wohnnähe gab es ein Sportstadion mit mehreren Plätzen für Hand- und Fußball, Hockey, Tennis und ein angrenzendes Schwimmbad.

Es galt, ein gutes Verhältnis zum Platzwart herzustellen. Da der immer ein paar helfende Hände brauchen konnte, zum Beispiel beim Kreiden der Felder, Streichen der Torpfosten, Rasenmähen oder ganz einfach beim Einhängen der Tornetze, war er auch nicht abgeneigt, uns auf einem Nebenplatz spielen zu lassen, pumpte uns fachmännisch den Ball auf oder half uns beim Flicken der Gummiblase.

Irgendwann reichte uns das bloße Herumkicken nicht mehr, und wir entdeckten auch eine neue Sportart für uns: Handball. Zu dieser Zeit wohlgemerkt noch Feldhandball. Nur im Winter ging es in die Halle.

Fußball-Jugend Rotation Ost, 1952
Torwart: Klaus Feldmann

Außer dem großen Stadion gab es in unserer Nähe noch einen kleineren Platz, der von einem Hundesportverein für seine Aktivitäten genutzt wurde. Dort scharte sich eine kleine Truppe, fast wie ein Privatklub, um einen Handballtrainer und holte sich so das erste Rüstzeug für die spätere erstklassige Mannschaft von Motor Gohlis Nord, bei Kennern nur als MoGoNo bekannt. Aus Turnhemden nähten unsere Mütter die Trikots. Ein schwarzer Katzenkopf schmückte die Brust. Dieses Trikot trug in seinen Jugendjahren auch Peter »Pit« Kretzschmar, bevor er Jahre später das Nationaltrikot der DDR überstreifte und noch später dann Nationaltrainer der Handballdamen wurde, eine Handballerin heiratete und mit ihr den Weltklassehandballer Stefan Kretzschmar zeugte. Dazwischen lagen noch die Auflösung der Katzentruppe und der offizielle Vereinswechsel zu MoGoNo, nachdem unser Trainer in den Westen gegangen war. Ich stand noch bis zum Frühjahr 1949 in einer Jugendmannschaft im Handballtor. Eines Tages aber war für mich Handball als aktive Sportart plötzlich passé. Nicht, daß ich keine Lust mehr gehabt hätte für Sport und Spiel. Nein, ein anderes Betätigungsfeld erregte meine Aufmerksamkeit und nahm fast die ganze Freizeit in Anspruch.

Da wir Jungen in unserem Block unterschiedlichen Alters waren, die Differenz reichte bis zu vier und fünf Jahre, waren unsere Gesprächsthemen breitgefächert. Das ging manchmal fast bis ins Philosophische. Wir waren voller Neugier, wollten wissen, warum ist die Situation jetzt so, wie sie ist, wer trägt die Schuld daran, war das wirklich so mit den Konzentrationslagern, wie man es jetzt liest und hört, wie soll alles weitergehen? Ziemlich viele Fragen auch für die Fünfzehn- und Sechzehnjährigen unter uns. In den eigenen Elternhäusern wollte oder konnte man uns zu diesem Zeitpunkt keine Antworten geben. Entweder fühlten sich die Erwachsenen mitschuldig, oder sie konnten selbst nicht fassen, was da passiert war. Und so suchten wir Partner, die uns Antworten auf unsere Fragen geben konnten.

Ich ging zunächst eine Weile zu den Nachmittagen der »Jungen Gemeinde«, einer kirchlichen Jugendgruppe, wechselte dann aber zu den Treffen der »Kindervereinigung der FDJ«, aus der im Dezember 1948 der »Verband der Jungen Pioniere« hervorging. Dieser Schritt war nicht unumstritten bei meinen Kumpels, da man sich eigentlich nicht so recht klar war, auf welcher Seite der Zukunft man stand. Dazu kamen die aktuellen Geschehnisse in den vier Besatzungszonen Deutschlands: Einmal wurden Nazis verhaftet, ein anderes Mal wieder gesellschaftsfähig gemacht, Enteignungen, Heimkehrer aus Gefangenschaft usw. usf.

Zu den Essenrationen, die es regulär gab, mußten noch weitere Naturalien beschafft werden: Was im Haushalt entbehrlich war, sollte mit dem größtmöglichen Gewinn bei raffgierigen Bauern eingetauscht werden. Die Hamstertouren warfen neue Fragen auf.

Deshalb war es nicht besonders schwierig, junge Menschen für neue Ideen und neue Dinge wenigstens erst einmal zu interessieren.

Wie meine Freunde und ich hatten Tausende junge Menschen Fragen über Fragen. Und so mögen sich die sowjetische Besatzungsmacht und die deutsche Verwaltung gedacht haben, diese Fragen kontrollierter beantworten zu lassen, um den Antworten eine Richtung zu geben. Zeitung und Rundfunk waren dafür bestens geeignet.

Am 4. Juni 1946 hatte der Sender Leipzig des Mitteldeutschen Rundfunks seinen Sendebetrieb aufgenommen. Innerhalb seiner Strukturen gab es auch Jugend- und Kinderredaktionen. Für die altersgemäße sprecherische Umsetzung der Manuskripte wurden Jungen und Mädchen gesucht. Wenn man nicht lange suchen wollte, fand man das größte Potential in den Schulen in allen Altersgruppen.

Während eines der besagten Kindernachmittage im Jahre 1948 tauchten zwei junge Vertreter des Mitteldeutschen Rundfunks in unserer Gruppe auf und erläuterten uns das Vorhaben des Senders, die bereits bestehende »Junge Funkgruppe« mit weiteren Kindern zu vergrößern. Wer Lust habe, könne aber auch im Kinderchor unter der Leitung von Inge und Hans Sandig mitmachen.

Ich merkte, daß die geplanten Sendungen genau zu den Antworten paßten, die wir suchten. Die Eltern, da war ich mir sicher, hätten bestimmt nichts dagegen einzuwenden, und ein paar Mark waren dabei auch noch zu verdienen. Und wie beide Großväter immer sagten, dümmer konnte man davon nicht werden!

Die Rundfunkleute billigten uns Bedenkzeit und Gedankenaustausch mit den Eltern zu und gaben uns ein paar Termine, zu denen wir im Funkhaus in der Springerstraße erscheinen könnten.

Wenn ich mich recht erinnere, waren wir zwei Jungen und zwei Mädchen, die sich zu einem Vorsprechen in der Kinderredaktion verabredeten.

Zunächst einmal durften wir bei einer Leseprobe dabei sein. Im Zimmer des Regisseurs, es mag 10 bis 12 Quadratmeter groß gewesen sein, stand an der Fensterfront ein Schreibtisch, hinter dem der Hausherr Platz genommen hatte, und links und rechts an der Wand saßen auf Stühlen Mädchen und Jungen und ein paar Erwachsene. Schauspieler des Leipziger Theaters oder Sprecher des Hauses, wie wir erfuhren. Der Regisseur verteilte die Rollen, und die Mitwirkenden trugen ihm, wie im Manuskript vorgesehen, ihre Parts vor, die er hin und wieder unterbrach, um seine Verbesserungen bei der Betonung an den Mann, die Frau oder das Kind zu bringen. Aber er bat auch darum, ihm zu erklären, warum jemand das gerade so und nicht anders gesprochen habe.

Wir Neulinge guckten uns verstohlen an und bemerkten wohl gegenseitig die Skepsis, ob wir da mithalten könnten. Das war ja ganz was anderes als das Auswendiglernen von Gedichten und bloße Aufsagen oder Herunterleiern. Außerdem, wenn ich unsere Aussprache mit der der Sprecherkinder verglich, die mußten aus einer anderen Stadt zugezogen sein! Alles war ganz deutlich zu verstehen, klare Vokale, eindeutige Konsonanten, kein Genuschel, kaum Dialekt. Wenn überhaupt, dachte ich, werden wir hier die Lachnummer der Redaktion.

Am Ende der Lehrstunde brachte uns ein Aufnahmeleiter in ein Studio, wo wir einen kleinen Text in die Hand gedrückt bekamen, den wir auf Band zu sprechen hatten.

Wie in der Leseprobe schon erlebt, gab es ein paar Korrekturen. Nach dieser Sprechprobe, die man heute als Casting bezeichnen würde, erfuhren wir, daß in den nächsten Monaten erst einmal eine gründliche Sprecherziehung stattfinden werde, ehe überhaupt auch nur an einen kleinen Satz in einer Sendung zu denken sei. Rundfunkmühlen mahlen langsam, aber gründlich!

Mindestens zweimal in der Woche bekam ich Sprecherziehung. Außerdem durfte ich gelegentlich Studioluft schnuppern, da ich immer öfter auch für die Geräuschkulisse eingesetzt wurde. Im Manuskript war dann immer »Stimme« vermerkt.

Es wurde auch alltäglich, daß die restlichen drei Familienmitglieder, Vater, Mutter und Bruder, sich die Toilette regelrecht erkämpfen mußten, denn dort war nun mein Studio, dort las ich die Zeitung von vorn nach hinten und von hinten nach vorn laut vor mich hin.

Was kümmerte es mich, ob draußen einer die Beine zusammenkniff und um die Sauberkeit seiner Hose besorgt war. Meine Mutter beschwichtigte: »Nu laß doch

Bei der Sprecherziehung, 1949

den Schung mal übn. Wo soller denn sonsd hin!« Der Vater war nicht so geduldig. »Glaus, gomm jetzt raus! Mudder, wenn der Schunge nich gleich rausgommt, sch ... ich forr de Diere!«

Ende der Nachrichten. Der Wetterbericht fiel anderen Bedürfnissen zum Opfer.

Im Dezember 1948 sollte der Gründungstag der Jungen Pioniere ganz groß gefeiert werden. In der Leipziger Kongreßhalle am Zoo liefen schon Tage vorher die Vorbereitungen und Proben für die Festveranstaltung. Für mich sollte es ein ganz besonderer Tag werden, ein Tag, der auf mein späteres Leben Einfluß hatte.

Die »Junge Funkgruppe« sollte das Programm mitgestalten. Unter anderem war vorgesehen, die neuen Pioniergesetze, die die Verhaltensnormen für die Mitglieder der Pionierorganisation darstellten, solistisch und im Chor vorzutragen. Vereint sprach das Sprecherensemble die Worte: »Junge Pioniere«, worauf ein Solist antwortete: »lieben ihre Heimat« oder »sind Vorbild in der Schule und lernen gut«, »lieben und achten ihre Eltern« usw. Einen dieser Solosätze durfte ich aufsagen. Das war mein erster Auftritt im Rundfunk. Dazu noch live und vor Publikum.

Meine Eltern, Freunde und auch Mitschüler saßen gespannt zu Hause vor den Rundfunkgeräten und warteten auf meinen Satz. Ich glaube, sie hatten ihn alle genauso auswendig gelernt wie ich und waren sicher genauso aufgeregt und nervös. Wenn sie nicht gewußt hätten, wie der Satz lautet, sagten sie mir danach, hätten sie mich gar nicht erkannt. Sie freuten sich alle ehrlich über meinen Erfolg. Im Grunde genommen hatten sie auch ihren Anteil daran.

Unser Sprecherzieher hatte nämlich gebetsmühlenartig immer wieder betont, daß es nicht ausreiche, nur während der Übungsstunden bei ihm oder in den

Sendungen »gut« zu sprechen. Wir könnten unseren Dialekt nur ablegen, wenn wir uns auch im Alltag bemühen würden, hochdeutsch zu sprechen. Sprecht mit euren Familien darüber, mit den Freunden, den Schulkameraden, machte er uns klar, damit sie nicht erstaunt sind und euch vielleicht noch hänseln, wenn ihr plötzlich anders, möglicherweise anfangs auch noch ein bißchen gestelzt daherredet. Es sei wichtig, daß die Menschen in unserem näheren Umfeld uns bei unseren Bemühungen unterstützten.

Genau das hatte ich befolgt und auch überall Verständnis gefunden. Keiner grinste, wenn ich den Mund aufmachte, oder zeigte sich voller Häme, wenn ich im Eifer des Gefechts mal wieder in meinen alten Slang zurückfiel. Das passiert auch heute noch. Es gibt nur ganz wenige Sachsen, die ihren Dialekt völlig ablegen konnten. Besonders in lockerer Unterhaltung, bei Dialogen rutschen doch immer mal wieder kleine Sachsismen durch. Es gibt weltberühmte, großartige Schauspieler, deren Stimme verrät, wo ihre Wiege gestanden hat. Deshalb muß ich immer lächeln, wenn mir jemand im schönsten »Gewandhaussächsisch« erklärt, wenn er sich Mühe gäbe, sei nicht zu hören, wo er herkäme. In den meisten Fällen ist es trotzdem zu hören. Das ist auch überhaupt nicht tragisch. Besser, jemand spricht, wie ihm der Schnabel gewachsen ist, als daß er gestelzt und geschraubt, mit zu stark behauchtem T, K oder P den »foinen Maxen« markiert. Wer allerdings das Sprechen zum Beruf macht, bei dem sollte nicht gleich beim ersten gesprochenen Wort zu hören sein, in welcher Region seine Wiege stand.

Ich schnuppere Rundfunkluft

Zu der Zeit, also früher ... Ach du großer Gott, werden Sie sagen, jetzt kommt wieder die alte Leier: früher war alles viel besser. Nein, nein. Aber zu der Zeit, als ich die erste Rundfunkluft schnupperte, kam nur auf den Sender, wer auch einen Mikrofonschein hatte, der seine Sprechtauglichkeit auswies. Einzige Ausnahmen waren Gastkommentatoren. Es war gang und gäbe, daß Redakteure Manuskripte schrieben und diese von ausgebildeten Sprechern verlesen wurden. Es sei denn, der Autor besaß den besagten Mikroschein.

Da aber im Leben nichts auf immer und ewig so bleibt, wie es ist, machte die Legende die Runde, der Autor könne natürlich sein eigenes Werk viel besser interpretieren als ein Sprecher. Plötzlich ertönten aus den Radios sämtliche Dialekte Mitteldeutschlands, und kein Mensch fragte mehr nach einer Mikrofonerlaubnis. Bei Interviews hatte manchmal der Gesprächspartner sogar eine bessere Sprachkultur als der Reporter.

Aber zurück zu dem Zeitpunkt, da meine ersten gesprochenen Worte sich im Äther wiederfanden. Ich verstärkte meine sprecherzieherischen Bemühungen und wurde mit immer größeren Aufgaben in der »Jungen Funkgruppe« und etwas später im zum »Pionierfunk« umbenannten Kinderradio betraut. Bald gehörte ich auch zu jenen Sprecherkindern, die für Sendungen des Schulfunks und des Jugendfunks herangezogen wurden. Mitunter gab es sogar kleine Auftritte in Hörspie-

Beim Kinderfunk in Leipzig

len, für deren ausgezeichnete Qualität der Mitteldeutsche Rundfunk berühmt war. Es verging kaum ein Tag, an dem ich nicht das Rundfunkgebäude aufsuchte. Und ein erfreulicher Nebeneffekt zeigte sich auch auf meinem Sparbuch.

Wir Kinder des Sprecherensembles waren dabei, als bei den »Tagen des Rundfunks« auf dem späteren Gelände der Gartenbauausstellung in Leipzig-Markleeberg Sendungen vor Besuchern der Parkanlage öffentlich gestaltet wurden. Solche Erlebnisse und die gesamte Ensemblearbeit ließen uns zu einer Kindergruppe mit großem Zusammenhalt werden. Und es war selbstverständlich, daß Neulingen geholfen wurde, so, wie man uns allen am Anfang beigestanden hatte.

Am längsten dabei – doch er verließ wegen seines Schauspielstudiums noch vor mir die Kindergruppe – war Klaus Piontek, viele Jahre Schauspieler am Deutschen Theater, zu Hause in den Spielfilm-, Synchron- und Dokumentar-Filmstudios der DEFA, gefragt im Besetzungsbüro des Rundfunks für Hörspielproduktionen, im Abspann vermerkt bei zahlreichen Fernsehfilmen. Die Freude war immer aufrichtig, wenn wir uns sahen oder sogar bei gemeinsamen Produktionen aufeinandertrafen. Leider ist er viel zu früh gestorben.

Ich möchte an dieser Stelle gleich mal mit einer Legende Schluß machen. Das große Kinderensemble des MDR bestand aus den Sprecherkindern und den Sängern; Kinder- und Jugendchor. Der Kinderchor unter dem Ehepaar Sandig hatte die Aufgabe, altes und neues Liedgut unter die Menschen zu tragen. Da es aber unmittelbar nach dem Krieg kaum Möglichkeiten gab, neue Liederbücher zu drucken, mußten andere Wege gesucht werden. Man fand sie unter anderem in einer Liedlernsendung. Die spielte sich folgendermaßen ab: Der Chor sang ein Lied, und ein Sprecherkind verlas Zeile für Zeile, langsam zum Mitschreiben für die

Kinder oder Eltern zu Hause vor dem Rundfunkempfänger, den Liedtext. Zunächst wechselten die Sprecherkinder von Sendung zu Sendung, bis ich schließlich allein diese Aufgabe übertragen bekam. So war ich ständig mit dem Kinderchor zusammen, denn vor den jeweiligen Liedlernsendungen, die immer original übertragen wurden, live wie man heute sagt, mußten schon ein paar Proben sein. So war ich auch für Hans Sandig ein ehemaliges Mitglied des Kinderchores, als wir einmal bei Rainer Süß in der Sendung »Da liegt Musike« drin gemeinsam auftraten. So oft ich diesen Sachverhalt richtigstellte, die Legende hielt sich. Als ich im Frühsommer 2005 in einer Sendung des MDR diesen Irrtum wieder einmal aufklärte, fiel die »Berichtigung« der Schere zum Opfer. Das ist ja auch nicht weiter tragisch. Eine Vergangenheit beim durchaus weltberühmten Kinderchor des Mitteldeutschen Rundfunks zu haben, ist alles andere als ehrenrührig.

Für besagte Sendung hatte der MDR vier »Ehemalige« eingeladen. Eigenartig und gleichzeitig erfreulich war dabei, daß wir zwar alle voneinander gehört hatten, uns aber zuvor nie persönlich begegnet waren. Trotzdem war bei diesem ersten Zusammentreffen eine Vertrautheit und Herzlichkeit zu spüren, wie man sie sonst nur von Familientreffen kennt. Und als wir dann den neuen, jungen Chorkindern und Jugendlichen gegenüberstanden, war es ebenso. Ich spürte, da war sie wieder, diese zweite Familie, die die Gemeinschaft der »Jungen Funkgruppe« für mich immer gewesen war. Keiner dünkte sich besser als der andere, es gab keinen Neid, wenn einer größere Sprechrollen als der andere hatte oder wenn im Chor ein Mädchen oder ein Junge mal mehr solistische Aufgaben übernehmen durfte als andere Chormitglieder. Es war vielmehr ein Ansporn, besser zu werden, verstärkt zu üben. Dieses Treffen in Leipzig war für uns ein glücklicher Tag.

Groß war auch die Freude, als mich vor ein paar Jahren nach einer Moderation auf der Leipziger Automesse eine Frau ansprach, die ebenfalls unserem Ensemble angehört hatte, und wir uns an Hand von Bildern die alten Zeiten in Erinnerung rufen konnten. Dabei fiel mir auf, daß sich unabhängig voneinander sehr viele an eine Sendereihe erinnerten: die Besuche im Leipziger Zoo mit dem Direktor Prof. Schneider. Sehr kindgemäß erklärte er darin unter anderem, daß es nicht richtig sei, Spielkameraden oder Mitschüler als »dumme Kuh« oder »blöde Sau« zu beschimpfen. Damit täte man den Tieren Unrecht, sagte er, und lieferte zahlreiche Beispiele für »kluges Verhalten« von Tieren. Was schon damals versucht wurde im Rundfunk den Hörern zu vermitteln, setzt heute der Mitteldeutsche Rundfunk im Fernsehbereich mit der Sendung »Elefant, Tiger & Co« unterhaltsam fort.

Einige der Kinder- und Jugendfunkredakteure, Sprecher und Regisseure von einst traf ich später bei gemeinsamer Arbeit vor allem in Berlin wieder, als der große Traum vom Rundfunk für mich schon Wirklichkeit geworden war. Denn Berlin war inzwischen für die gesamte DDR zum Rundfunk- und Fernsehzentrum ausgebaut worden, nachdem bereits 1952 mit der Bildung des Staatlichen Rundfunkkomitees die Zentralisierung und einheitliche Leitung des Rundfunks in der DDR eingeleitet worden war.

Die damaligen Hauptprogramme waren »Radio DDR«, der »Berliner Rundfunk« und »Stimme der DDR«. Durch die weitgehende Verbannung des Begriffes »deutsch« aus dem Sprachgebrauch öffentlicher Institutionen war der »Deutschlandsender« zur »Stimme« geworden. Dazu gesellte sich noch »Radio Berlin International« mit mehreren Auslandsprogrammen. Zwischendurch existierte auch noch als Ableger des »Berliner Rundfunks« die »Berliner Welle«, die in den

Nachwehen des 13. August 1961 gegründet und vor allem gegen die sogenannte Frontstadt West-Berlin gerichtet war. Musik aus dem »Giftschrank«, also Westtitel, die in den anderen Programmen kaum oder gar nicht gespielt wurden, und kabarettistische Einlagen gegen West-Politik und -Politiker bestimmten in den ersten Monaten die Programminhalte. Diese Musik vor allem war es, die hohe Hörerquoten bescherte und zu der irrigen Annahme bei den Verantwortlichen im Parteiapparat führte, die Hörer würden sich mit den politischen Inhalten der Sendungen zur Rechtfertigung der Mauer identifizieren.

Neben diesen Sendern unterhielt Radio DDR noch Funkhäuser und Studios in Cottbus, Dresden, Erfurt, Frankfurt/Oder, Gera, Halle, Karl-Marx-Stadt, Leipzig, Magdeburg, Neubrandenburg, Potsdam, Rostock und Suhl. Spezifische Aufgaben hatten Rostock und Cottbus. Während erstere vor allem die »Ferienwelle« und die Seeleute auf hoher See zu betreuen hatten, oblag es Cottbus, Sendungen in sorbischer Sprache zu produzieren.

Der Drang der Kollegen aus der »Provinz« nach Berlin hielt sich in Grenzen und war unterschiedlich ausgeprägt. Der Rundfunk, ob nun Berlin, Funkhaus in den Bezirksstädten oder angeschlossene Studios, war politisch-ideologisch der Agitation und Propaganda zugeordnet und für die Partei ein Instrument des Klassenkampfes. Das galt später in verstärktem Maße auch für das Fernsehen. Allerdings wurde vieles in der Hauptstadt großzügiger gesehen als bei den Bezirksfürsten der Partei, die der verlängerte Arm des Politbüros waren. Andererseits wiederum wollte mancher das beschaulichere Leben in der »Provinz« nicht gegen die Hektik Berlins eintauschen, wollte nicht zu nahe am Machtapparat dran sein und genoß es durchaus, im überschaubareren Bezirk oder Kreis »Jemand«

zu sein, statt namenlos in Berlin. Von unseren Fernseh-Bezirkskorrespondenten weiß ich, wie nützlich ihnen ihre Position dabei war, die für DDR-Verhältnisse lebenswichtigen Beziehungen zu bekommen. Zugleich, je bekannter jemand war, um so mehr Aufmerksamkeit und damit Kontrolle zog er auf sich. So mußte sich jeder seinen eigenen, auf die jeweiligen Verhältnisse abgestimmten Verhaltenskodex erstellen, um sich in diesem Teufelskreis bewegen zu können.

Die Konzentration des Rundfunks und Fernsehens in Berlin war nur der eine Teil. Hinzu kam die DEFA mit ihren Sparten Spielfilm, Dokumentar- und Populärwissenschaftlicher Film und Synchronstudio für ausländische Spiel- und Dokumentarfilme. Sie alle boten nicht nur ein weites Betätigungsfeld, sondern garantierten auch hervorragende Nebeneinnahmen in Form von Honorartätigkeiten. Kein Wunder also, daß gute Schauspieler nach Berlin drängten. Andere blieben an ihren Stammhäusern außerhalb der Hauptstadt. Die waren allerdings so gut, daß sie sich über mangelnde Angebote trotzdem nicht beklagen konnten. Das ist natürlich ein Pauschalurteil, das Ausnahmen einschließt, die aber damit wiederum die Regel bestätigen könnten. Jedenfalls gab es auch außerhalb von Berlin angesehene Theater und Schauspieler. In Berlin jedoch war man an allem näher dran.

Außerdem sind wir zu schnell geneigt, die Situation der Menschen immer erst ab 1961, dem Jahr des Mauerbaus zu sehen. Vor dem August war man als Berliner logischerweise mit der S-Bahn schneller im Westen als der Leipziger, Dresdner oder Rostocker.

Nach Berlin umziehen, das sagte sich in den fünfziger Jahren leichter, als es war. Genau kann ich die Situation bis 1957 schildern, dem Zeitpunkt nämlich, als ich mein Domizil von Leipzig nach Berlin verlegen wollte.

Wer seinen Wohnsitz in Berlin zu nehmen gedachte, benötigte eine Aufenthaltsgenehmigung. Die bekam der Antragsteller aber nur, wenn er eine Arbeitsstelle nachweisen konnte. Eine Arbeitsstelle bekam aber nur der, der eine Aufenthaltsgenehmigung hatte. Das heißt, daß der Arbeitgeber ein dringendes Interesse nachweisen mußte, daß nur dieser besagte Antragsteller und kein anderer diesen Arbeitsplatz ausfüllen konnte.

Damit wurde zunächst einmal all jenen Umzugswilligen ein Riegel vorgeschoben, die einfach keine Lust mehr hatten, sich von Kontrollorganen bei Berlinfahrten ständig die polizeiliche Frage stellen zu lassen: »Und Bürger, was wollen Sie in Berlin?«

Künstler aller Gattungen hatten schnell herausgefunden, daß »Vorsprechen« am Theater oder im Rundfunk das Zauberwort war für Sesam, sprich: Berlin, öffne dich.

Wer solche Auskunft nicht parat hatte und noch dazu mit zwei schweren Koffern reiste, in denen von der Geburtsurkunde bis zum Gesellenbrief alles säuberlich geordnet lag, wer leckere Würste, Schinken, Eier und sogar totes Federvieh aus seinem Gepäck zaubern konnte, der hatte schlechte Karten bei den Genossen Volkspolizisten und Zöllnern.

All diese Geschichten waren für mich 1950 noch keine selbsterlebte Realität. Es waren aufgeschnappte Erzählungen der Erwachsenen. Für mich gab es zunächst einmal andere, viel wichtigere Dinge. Jetzt begann der Ernst des Lebens, jetzt sollten uns mal die Hammelbeine langgezogen werden, wie immer von den »Alten« gesagt worden war.

Lehrjahre

1950 beendete ich die achtklassige Grundschule und begann eine Lehre als Buchdrucker beim Brockhaus-Verlag. An die Lehrstelle war ich durch Fürsprache des Arbeitgebers meiner Mutter gekommen. Zwei Jahre vorher konnte bereits mein Bruder in eine Buchbinderlehre vermittelt werden. Unsere Mutter hatte bereits als junges Mädchen bei dieser kinderreichen Architektenfamilie gearbeitet und wurde nach dem Krieg wieder als

Konfirmation, 1950

Abschlußklasse, 1950, obere Reihe 2. v. l.

Weißnäherin und Schneiderin beschäftigt. Der Architekt hatte in »besseren« Zeiten am Bau der Firmengebäude bei Brockhaus mitgewirkt, die nun mehr oder weniger in Schutt und Asche lagen. Die Dame des Hauses besaß wirklich, wie man so sagt, ein großes Herz. Und sie konnte organisieren. So war eben auch an Lebensmitteln mehr als bei anderen Familien vorhanden. Und es war für sie Herzenssache, daß die Familienmitglieder ihrer Angestellten oft vor den gefüllten Tellern und Schüsseln Platz nehmen konnten. Gemeinsames Spiel mit den Kindern der Familie war selbstverständlich. Und natürlich interessierte sich dieses Ehepaar für die schulischen Leistungen von uns Kindern, zeigte Interesse an unseren Freizeitbeschäftigungen und war deshalb auch meinem künftigen Lehrherren gegenüber aussagefähig. Für einigermaßen gute Zensuren mußte ich selber sorgen, und beim Eignungsgespräch war ich ebenfalls auf mich allein gestellt.

Die mit mir gleichaltrige Tochter des Hauses organisierte Leseabende, zu denen sie Freundinnen und Schulkameraden einlud. Wir lasen aus Reclam-Büchern in Rollenaufteilung Klassiker: »Kabale und Liebe«, »Minna von Barnhelm«, »Romeo und Julia«. Ich erinnere deshalb an diesen Nebenschauplatz, weil ich immer daran denken mußte, wenn ich in Nachrichten und anderen Texten englische Grafschaften zu sprechen hatte, die einige Besonderheit in der Aussprache verlangten, was wir damals noch nicht wußten, als wir uns mit Shakespeare vertraut machten: Leicester wird zu Lester, Gloucester verkürzt sich als Gloster, und die berühmte Würzsoße heißt Wuster, obwohl sie Worcester geschrieben wird. Jahre später werde ich erneut erfahren, daß man in der Phonetik fremder Sprechen sich nicht unbedingt immer auf die in der Schule gelernten Regeln verlassen kann.

Nehmen wir zum Beispiel Lord Home, der bei uns in den Nachrichten als neuer britischer Außenminister auftauchte und dessen Namen vorher keiner gehört hatte. Entsprechend unseren Schulkenntnissen sprachen wir Home wie das Haus aus. Eines Tages jedoch belehrten uns die Kollegen von »Radio Berlin International« eines besseren. Sie hatten nämlich bei der BBC gehört, wie die ihren Außenminister – ich umschreibe – »Juhm« nannten. Da wir den Engländern zubilligten zu wissen, wie ihr Außenminister richtig heißt, richteten wir uns von da an nach dieser Aussprache. Es folgte auch noch die Erklärung, warum bei Lord Home nicht nach der Regel verfahren wurde.

Seine Vorfahren sollen Heerführer gewesen sein, die bei einer Attacke immer ihrem Heer voranritten, den Säbel zogen und statt eines »Hurra« oder »Vorwärts« ihren Namen riefen. Und als die Truppe plötzlich »Home« vernahm, machte sie kehrt und ritt nach Hause. Damit das nicht noch einmal vorkomme, soll sich der besagte Urahn eben »Juhm« genannt haben.

Jedenfalls klappte es mit der dreijährigen Lehre als Buchdrucker. Ob ich eventuell für eine andere Tätigkeit im Brockhausunternehmen geeigneter sei, prüften die Verantwortlichen, indem sie mich erst einmal alle Stationen des Betriebes für längere Zeit durchlaufen ließen. Am Schluß blieben zwei Möglichkeiten zur Wahl: eine Verlagstätigkeit mit eventuellem Studium oder Buchdrucker. Letzteres wurde es dann. Das war zumindest in der damaligen Zeit für die Händler-Branche segensreich, denn die Makulatur – das sind die mißratenen Drucke – bekam der Handel zum Einwickeln der Ware. Ob nun Heringe oder Gemüse, die Verpackung war die gleiche. Ich sorgte ganz gut für Nachschub.

Die Makulaturlieferungen aus der Brockhausdruckerei hatten allerdings ihre Grenzen. Und die waren politischer Natur. Wir druckten nämlich im Auftrage der Militäradministration Geschichts- und Lehrbücher in russischer Sprache. Und da auf den Seiten viele Bilder von sowjetischen Politikern und Heerführern zu sehen waren, durften die noch nicht einmal beim Stapeln auf die blanke Erde oder auf Paletten gelegt werden, geschweige denn, daß Jossif Wissarionowitsch Dschugaschwili, genannt Stalin, Heringsgeruch in die Nase steigen durfte.

Später, als ich, wie man es nennt, prominent war, erfuhr ich vor versammelten Schülern und Lehrlingen beim Besuch sowohl meiner alten Grundschule als auch der Berufsschule, ich sei ein sehr guter Schüler und Lehrling gewesen. Das erstaunte mich, denn diese Aussagen stimmten mit den einstigen Zensuren nicht überein. Das Lob hätte ich damals nötiger gehabt.

In der Zeit meiner Lehre konnte ich weiter regelmäßig meiner kleinen Nebenbeschäftigung im Rundfunk nachgehen. Es war weiterhin die Mitwirkung in den Originalsendungen des »Pionierfunks« möglich, wie die »Junge Funkgruppe« inzwischen hieß.

Mitunter war es gar nicht so einfach, meine Freizeit richtig zu organisieren, denn zu dieser Zeit fanden alle naselang irgendwelche Demonstrationen oder Kundgebungen auf dem Augustusplatz statt. Der Trick, den Platz voll zu bekommen, war, die Veranstaltungen noch während der Arbeitszeit beginnen zu lassen. So begaben sich ganze Betriebsbelegschaften zum Veranstaltungsort, wo man sich schon mal unter Beobachtung und Kontrolle befand und ein Sich-absetzen bemerkt wurde oder auffiel. Einmal ging es um die Forderung

Nationales Aufbauwerk in der Leipziger Windmühlenstraße, 1951 (im gestreiften Pullover)

»Deutsche an einen Tisch!«, ein anderes Mal gegen ein Verbot der FDJ in Westdeutschland. Zeitzeugen werden sich erinnern, daß der Augustusplatz 1952 Schauplatz für Kundgebungen zur deutschen Einheit war. Die UdSSR hatte in einer Stalin-Note den Westmächten Vorschläge unterbreitet für eine künftige Einheit Deutschlands unter bestimmten Bedingungen. Doch der Entwurf wurde vom Westen abgelehnt. Und auch der Tod Stalins 1953 gab genügend Gelegenheiten für Betriebsversammlungen, Kundgebungen und Demonstrationen.

Das alles mußte ich in Übereinstimmung bringen mit meinen Rundfunkambitionen.

Da ich nun schon dem Pionieralter entwachsen und mir auch stimmlich das Kind nicht mehr anzuhören war, bekam ich mehr und mehr Aufgaben im Jugend- und Schulfunk angeboten. Und da lagen die Aufnahmezeiten am späten Nachmittag oder sogar am Abend.

Am schönsten war es immer, wenn wir Kinder und Jugendlichen zu Hörspielproduktionen herangezogen wurden. In der Mehrzahl fanden die abends oder nachts statt, da die meisten Schauspieler des Leipziger Schauspielhauses dann greifbar waren. Natürlich waren die Rundfunkleute darauf bedacht, nicht gegen bestehende Jugendschutzgesetze zu verstoßen. Deshalb war unbedingt die schriftliche Zustimmung der Eltern für solche Produktionen erforderlich. Da hatte ich nie Sorgen, daß ich sie nicht bekäme. Und von den Konzentrationsschwierigkeiten am nächsten Tag nach einer kurzen Nacht mußte ich ja nicht ungefragt berichten.

Diese Hörspielproduktionen waren eine Zeit des Lernens, eine gute Schule dafür, ausgebildeten Leuten und Könnern im wahrsten Sinne des Wortes aufs Maul zu schauen und mit den Ohren zu klauen, voller Respekt vor der Leistung und den Menschen. Vielleicht erklärt das auch mein Stillhalten bei einer Episode, die selbst bei meinen eigenen Kindern Kopfschütteln auslöste, als ich sie erzählte. Die Geschichte passierte, als ich immerhin schon 13 Jahre alt war.

Bei Hörspielproduktionen können nicht alle Parts einer nach dem anderen aufgenommen werden, so daß auch Leerlaufzeiten entstehen. Die wollte ich einmal dazu nutzen, mir aus der Kantine eine Limonade zu holen. Als ich mich dazu bei der Aufnahmeleitung abmeldete, bat mich ein Schauspieler, ihm ebenfalls eine

Limonade mitzubringen, und gab mir dafür ein 20-Pfennig-Stück, denn das Getränk kostete 18 Pfennig.

Ich stieg also von der obersten Etage in die unterste und wieder zurück und übergab das gewünschte Getränk dem Schauspieler. Er bedankte sich und fragte, als ich mich wieder entfernen wollte, ob ich denn nicht etwas vergessen hätte. Auf meinen erstaunten Blick hin meinte er, daß ich von ihm doch 20 Pfennig bekommen hätte und die Brause nur 18 koste. Den Rest hätte ich als Trinkgeld gegeben, erwiderte ich verlegen. Dazu sei ich aber nicht befugt gewesen, gab er mir zur Antwort. Ich möge hinuntergehen und mir das Geld zurückgeben lassen. Damit ich aber die zwei Pfennige nicht aus meiner Tasche drauflege, weil mir das vielleicht peinlich sei, solle ich meine Börse bei ihm hinterlegen. Ich kam mir gegenüber allen Anwesenden vor wie ein Bettnässer, wagte aber nicht zu widersprechen, zumal es auf einmal ganz still im Raum geworden war, alle abwechselnd auf mich und ihren Kollegen schauten, aber nichts sagten.

Auf dem erneuten Weg zur Kantine überlegte ich krampfhaft, was ich tun könnte. Meine Augen suchten die Treppe ab nach eventuell verlorenen Geldstücken. Letztlich aber blieb nur die Lösung, der freundlichen Kantinendame alles so zu schildern, wie es sich zugetragen hatte. Ob das vielleicht der Herr sowieso sei, fragte sie mich bei der Geldübergabe. Mein Nicken begleitete sie mit den Worten: »Das hab ich mir gleich gedacht!«

Hoffentlich kommt nach dieser Geschichte und bei all dem an den Tag gelegten Lerneifer und der Strebsamkeit keiner auf den irrigen Schluß, wir wären alles brave, über die Maßen liebe Kinder gewesen.

Das war natürlich nicht so. Die Eltern unserer Clique waren, wie wohl alle Eltern auf der Welt, völlig überrascht, wenn es irgendeine Beschwerde gab. Ihre Kinder machten so etwas nicht, das konnten sie sich gar nicht vorstellen. Da wir Kinder immer gleich dem Kläger gegenübergestellt wurden, wechselte die elterliche Ungläubigkeit in Erstaunen und manchmal in Entsetzen. »Wenn ihr so weitermacht ..., das nimmt mal kein gutes Ende ...«, waren die betrübten Worte aus väterlichem oder mütterlichem Munde. Dabei schauten sie immer so sorgenvoll, daß wir im Geiste schon die Sirene der heranbrausenden »grüne Minna« hörten und uns hinter Gittern sahen bei Wasser und Brot.

Was im Laufe des Jahres nicht ans Licht gekommen war, wurde am Jahresende offenbart. Es war üblich, daß alle Kinder zu Silvester ihre bis dahin unbekannten Schandtaten beichteten und völlige Absolution erhielten. Unsere Erziehungsberechtigten verkniffen sich sogar die gefürchteten Gardinenpredigten, bei denen man oft schauspielerisches Talent an den Tag legen mußte, um mit niedergeschlagenen Augen ein zerknirschtes Gesicht zu machen. Doch wenn es zu der Aufforderung kam: »Schau mich bitte an, wenn ich mit dir rede«, da wurden die Augen der Übeltäter sichtbar, die nicht lügen konnten, und veranlaßten den Prediger, seinen Redeschwall zu beenden in der verbleibenden Hoffnung, nicht ganz gegen die Wand gesprochen zu haben.

Also, so »ganz ohne« waren wir nicht, und Missetaten und Verfehlungen gingen auch auf unser Konto. Doch es war eine andere Zeit. Nach dem Krieg gab es andere Wertvorstellungen. Trotz jugendlichen Übermuts galt es, sich auf die Schule zu konzentrieren, um später einen Beruf erlernen zu können. Bücher spielten eine wichtige Rolle. Hier holten wir uns Anregungen für unsere eigenen kleinen Abenteuer und lebten dabei unsere Phantasien aus. Wir bastelten uns mittels Laubsägearbeiten ein eigenes Tischfußball und veranstalteten regelrechte Turniere, bei denen wir uns sogar als

Sportreporter betätigten, wobei alle Mannschaften die Namen der realen Vereine trugen und die zu bewegenden Holzfiguren auch die Originaltrikots, die Rückenummern und Spielernamen aufbemalt bekamen. Es waren Mannschaften aus ganz Deutschland.

Irgendwann entdeckten wir unsere Liebe zum Zirkus und studierten ein kleines Programm ein, das wir dann vor den Hausbewohnern gegen ein kleines Eintrittsgeld aufführten. Der Erlös sollte für einen gemeinsamen Eisdielenbesuch beim »Italiener« genommen werden. Doch unser Kassierer hatte sich bei den Einnahmen ein paar Mal selbst bedient, und so saßen wir statt beim Italiener mit ihm zu Gericht. Es war klar, daß er den Schaden ersetzen mußte, was er auch tat. Wie er zu den fehlenden Groschen kam, weiß ich heute nicht mehr zu sagen, als Kassierer bei einer unserer Aktionen wurde er jedenfalls nicht mehr eingesetzt. Und er selbst konnte zur damaligen Zeit auch noch nicht wissen, daß er mit seiner Neigung zur Selbstbedienung in der Politik hätte groß rauskommen können.

So wie ich Buchdrucker lernte, hatten auch die anderen Jungs alle eine Lehre aufgenommen und einige zum Teil schon beendet. Da gab es einen Verwaltungsangestellten, Feinmechaniker, Buchbinder, Zimmermann, Maurer, Maler und Maschinenbauschlosser. Später studierten einige von uns und wurden Ingenieure, Offiziere oder Journalisten.

Während ich mich 1952 noch mitten in der Lehre befand, erzählte unser Freund Wolfgang, daß sie bei ihm im Betrieb für eine Rundfunkschule geworben hätten. Sie befände sich in Weimar, und es würden dort Redakteure ausgebildet. Wenn nach einem Aufnahmegespräch alles in Ordnung ginge, könne er 1953 mit dem Studium dort beginnen. Das machte mich hellhörig, denn ich hatte mir schon längst Gedanken darüber gemacht, wie es mit meinen Rundfunkambitionen mal weitergehen sollte. Diese Offerte, von der mein Kumpel mir erzählte, hatte es republikweit nur in einigen volkseigenen Großbetrieben gegeben. Ich arbeitete aber in einem ehemaligen Privatbetrieb, der unter Treuhand gestellt worden war und später volkseigen wurde. Bis hierher drang die Rundfunkbotschaft nicht. Auch die Sprecherkinder des Pionierfunks wurden nicht als jenes Potential angesehen, aus dem man die neue Journalistengeneration vorzugsweise rekrutierte. Da ich aber beim Rundfunk ein und aus ging, war es nicht schwer, mir die Bewerbungsadresse zu besorgen.

An der Rundfunkschule

Wolfgang drückte inzwischen in Weimar die Schulbank, ich machte meine Lehre zu Ende und hatte bald schon die Einladung zu einem Aufnahmegespräch für die Rundfunkschule in der Tasche.

Die praktischen und theoretischen Gesellenprüfungen der Buchdrucker lagen zwischen Juni und August 1953.

Als wir eines Tages die Gutenbergschule verlassen, fahren keine Straßenbahnen, immer mehr Menschen kommen aus den umliegenden Betrieben und laufen in Richtung Augustusplatz. Ziemlich aufgebracht schimpfen sie auf den »Spitzbart« und die SED.

Ich trage zu diesem Zeitpunkt eine praktische und leichte khakifarbene Windjacke, wie sie durch die FDJ in Geschäften, zum Beispiel in der »Spowa«, den »Sportwaren«, angeboten wurde. Angesichts der aufgebrachten Menge, und vor allem je näher wir dem FDJ-Haus nahe dem Hauptbahnhof kommen, empfehlen mir meine Klassenkameraden, die Jacke lieber in der Schultasche verschwinden zu lassen, obwohl auf den Ärmeln kein FDJ-Emblem aufgenäht ist. Aus den Fenstern der FDJ-Leitung fliegen Akten und Kleinmöbel auf die Straße – unter dem Jubel der zusammengelaufenen Menschen. Funktionäre müssen sich am Fenster zeigen und werden grölend beschimpft. Kein Grund für uns, hier länger zu verweilen, nur schnell nach Hause,

1953

sagen wir uns, denn die Angst, daß uns etwas passieren könnte, ist stärker als die Neugier, wie sich das weiterentwickeln wird.

Ich schildere diese Eindrücke um die Ereignisse des 17. Juni 1953 deshalb, weil sie mich fast das Studium in Weimar gekostet hätten.

Bei der Aufnahmeprüfung wurde ich nämlich befragt, wie ich diese Tage erlebt hätte, und erzählte wahrheitsgemäß den oben geschilderten Vorgang.

So dürfe sich ein künftiger Rundfunkschüler nicht verhalten, hieß es. Ich hätte offen den Provokateuren und Randalierern entgegentreten und mit ihnen über unsere gute Sache, bei der auch mal Fehler gemacht würden, diskutieren müssen. Mit Äußerungen, daß ich mich doch selbst in Gefahr gebracht hätte und ich doch nicht für die Fehler anderer verantwortlich sei, ritt ich mich nur noch tiefer in den Schlamassel und rief die Theoretiker und Verfechter von Stalins Werk »Kritik und Selbstkritik« auf den Plan.

Dieses Werk bekam ich als Studienliteratur mit nach Hause, um mein Verhalten selbstkritisch besser einschätzen zu lernen. Entsprechend meiner Einstellung dann zum 17. Juni und zu meiner Verhaltensweise werde man endgültig über mein Studium entscheiden.

Am 18. April 1954 reise ich in Weimar mit Sack und Pack an. Ich bin allerdings nicht der einzige künftige Student, der noch einmal zum »Verhör« muß. Am Ende des Gesprächs steht die Zulassung zum Studium. Stalins »Kritik und Selbstkritik« hat mich gelehrt, mitunter zum eigenen Vorteil zu sagen, was andere gern hören möchten. Ich bin meinem Ziel ein Stückchen nähergerückt, allerdings auf Kosten der Ehrlichkeit. Jugendliche Naivität, Gutgläubigkeit und Unschuld bekamen Flecken. Noch waren diese Eigenschaften zu erkennen, doch die Farbtöpfe des Opportunismus standen überall, warteten darauf, zur Schönfärberei benutzt zu werden.

Doch ich hatte keine Zeit, mir damals darüber den Kopf zu zerbrechen. Vor mir lag ein großes Lernpensum. Ich wurde mit Theorien, Personen und Ereignissen konfrontiert, von denen ich vorher noch nie etwas gehört hatte. Von Marx und Engels wußte ich, daß es zwei Philosophen waren, mehr nicht. Lenin und Stalin, hieß es, hätten deren Lehren schöpferisch und in genialer Weise für die Zukunft der Menschheit weiterentwikkelt. Wenn einer wie ich völlig unbeleckt von diesen »Klassikern« ans Studium ihrer Literatur geht, tauchen zwangsläufig viele Fragen auf. Habt keine Scheu vor Fragen und Unklarheiten, sagten die Lehrer. Doch ich wurde das Gefühl nicht los, nicht besonders willkom-

In Weimar, 1954

men zu sein, wenn ich Diskrepanzen zwischen Theorie und Praxis feststellte und hier und da nachhakte. Es war eigenartig. Nach der Antwort auf meine Fragen fühlte ich mich immer als Trottel und mitleidig belächelt, etwa wie: »Der hat's immer noch nicht begriffen.« So stellte ich immer weniger Fragen, und bald stellte ich mir selbst keine mehr. Wenigstens nicht mehr in den rein theoretischen Fächern Marxismus-Leninismus, Ökonomie oder Geschichte der KPdSU (B), der Kommunistischen Partei der Sowjetunion in Klammern Bolschewiki. Es war wichtig, bei Prüfungen und Kontrollarbeiten oder Referaten in den Seminaren gerade in diesen Fächern gut abzuschneiden. Schon aus dieser Sicht durfte man sich da nicht allzusehr den Kopf zerbrechen.

Völlig anders sah das in den journalistischen Ausbildungsfächern aus: Deutsch, Stilistik, Recherche, praktische Reportagen, wie wird ein Interview vorbereitet und geführt, Schreiben von Nachrichten und alle praktischen Übungen mit dem Mikrofon. Hier war ich in meinem Element. Und fast aus dem Nichts entwickelte sich bei mir eine regelrechte Liebe für die Nachrichten. Nicht nur für das Sprechen derselben, nein, besonders für das Verfassen von Meldungen. Während andere Kommilitonen die Nachrichten für ein zwar notwendiges, nichtsdestoweniger trockenes journalistisches Genre hielten, bekam ich glänzende Augen, wenn ich aus einer 30-Zeilen-Agenturmeldung eine Nachricht von 10 Zeilen machen sollte. Was soll denn daran langweilig sein, wenn nach dem passenden Wort gesucht werden muß, das mehrere Dinge zusammenfaßt? Oder wenn für dieses Wort dann noch ein Synonym gefunden werden muß, damit in wenigen Zeilen keine Wortwiederholung auftritt?

Meine Nachrichtenverrücktheit blieb unseren Ausbildern, die alle alte Rundfunkhasen waren, nicht verborgen. Als die Besetzung der Seminarklassen neu geordnet wurde, wechselte ich von der Jugend- und Sportredaktion in die Nachrichtenredaktion. Ich muß wohl erwähnen, daß die Klassen strukturiert waren wie in einem realen Funkhaus, nämlich in verschiedenen Redaktionen, also Wirtschaft, Kultur, aktuelle Politik, Nachrichten, Frauen, Jugend und Sport.

Im Januar 1955 fuhren die Rundfunkschüler in alle Himmelsrichtungen, wo ein Funkhaus stand, zu einem mehrwöchigen Praktikum. Jeder durfte seinen Wunsch äußern, in welcher Redaktion er gern arbeiten mochte. Dieser Wunsch mußte nicht mit der Redaktionsklasse übereinstimmen. Da wir sehr praxisnah ausgebildet wurden, war es sogar wünschenswert, sich einmal in einer anderen Redaktion auszuprobieren. Noch gehörte ich zur Jugend- und Sportredaktion und gab trotzdem zu verstehen, daß ich gern den Nachrichtenbetrieb kennenlernen wollte. Dafür gab es auch kaum Bewerber. Großer Andrang dagegen herrschte um einen Praktikumsplatz in der Berliner Sportredaktion. Jeder wollte unter den Fittichen von Heinz Florian Oertel, Wolfgang Hempel, Werner Eberhard oder einem anderen der bekannten und beliebten Sportreporter arbeiten und so viel wie möglich von ihnen lernen. Es mögen fünf oder sechs Studienkollegen gewesen sein, die sich um diesen begehrten einen Platz rissen. Ich mache es kurz. Bekommen habe ich ihn.

Natürlich gratulierten mir alle. Ich schließe allerdings nicht aus, und hätte es auch keinem meiner Mitschüler verübelt, sollte etwas Neid dabei gewesen sein.

Es war ein sehr intensives Praktikum. Zum ersten Mal lernte ich einen Redaktionsbetrieb über eine längere Zeit von früh bis spät kennen. Vor allem aber lernten mich gestandene Journalisten kennen und mußten beurteilen, wozu ich im redaktionellen Alltag zu gebrauchen war. Wie jeder weiß, findet Sport in der Regel am

Wochenende statt. Jedenfalls war das damals so. Und so bestand die Arbeitszeit in der Sportredaktion meistens aus einer 7-Tage-Woche. Ich wurde mit allen anfallenden Aufgaben vertraut gemacht; unter Anleitung zweier erfahrener Journalisten sollte erreicht werden, daß ich bis zum Ende des Praktikums selbständig redaktionelle Aufträge erledigen konnte. Wolfhard Kupfer und Heinz Florian Oertel waren meine Mentoren.

Ich schrieb Vorschauen oder Nachbetrachtungen zum Sportwochenende, organisierte Termine für Interviews, führte selbst Interviews und wurde ausprobiert als Sportreporter unter anderem beim Fußball, Radrennen und Schwimmen. Rundfunkhörer und Fernsehzuschauer sollten heute noch Heinz Florian und Wolfhard dankbar sein, daß sie mich als Reporter für völlig unbrauchbar hielten, stattdessen aber meinen redaktionellen und sprecherischen Einsatz auf sportlichem Gebiet befürworteten. Als ich dann 1959 neben der Nachrichtentätigkeit ständiger Sprecher der Sportsendungen des »Deutschlandsenders« wurde, konnte ich stolz darauf sein, zu einem Kollektiv zu gehören, das im Funkhaus als eine Truppe galt, die wie Pech und Schwefel zusammenhielt. Zwar galt auch in der Sportredaktion rein kadermäßig und verwaltungstechnisch die Auftrennung in die Sender »Radio DDR«, »Berliner Rundfunk« und »Deutschlandsender«, in der praktischen Arbeit jedoch waren wir ein »Haufen«. So aufgeschlossen die Kollegen auch waren, Sprücheklopfer hatten keine Chance. Man mußte schon beweisen, daß man was auf dem Kasten hatte. Gerade uns Rundfunkschülern ging ein bißchen der Ruf voraus, als Schlaumeier der Nation erzogen worden zu sein, die alles besser wissen und können.

In den ersten Tagen des Praktikums saß ich einmal mit den von den Übertragungsorten ins Funkhaus zurückgekehrten Reportern nach der Sendung beim

Abendessen. Es wurde über alle möglichen Dinge gequatscht. Ich hatte, wie man so sagt, die Finger noch krumm vom Koffertragen und wollte mich in ein mehr oder weniger privates Gespräch reinhängen. »Du hast hier erst was zu sagen, wenn du gefragt wirst«, sagte einer der Kollegen. Das war hart. Aber muß man denn wirklich immer und überall seinen Senf dazugeben, zumal dann, wenn man noch ganz neu in einem Kollegenkreis ist?

Bereits eine Woche später, nachdem dieser Kollege mich in der Zusammenarbeit kennengelernt hatte, sagte er vor versammelter Mannschaft, daß er der Meinung sei, ich dürfe nunmehr ungefragt an jedem Gespräch teilnehmen.

Ein anderes Mal sollte ich mich mit besagtem Kollegen zu einem Interview treffen. Beim Aussteigen aus der Straßenbahn sah ich, daß er im vorderen Wagen gewesen war, ich im hinteren. Da er vorn um die Bahn herumging und mich nicht bemerkte, ich aber hintenrum, war er eine Winzigkeit eher am Treffpunkt als ich. Er rügte meine Unpünktlichkeit und drückte die Erwartung aus, daß ich in Zukunft vor ihm am verabredeten Ort sein werde.

Es war sicher eine seltsame Methode, dem Nachwuchs zu zeigen, wo seine Schranken waren und daß die Bäume von »Neuen« nicht gleich in den Himmel wachsen sollten. Jedenfalls auf keinen Fall so, wie man es ihnen in den Lehranstalten prophezeit hatte. Andererseits kann ich sagen, daß ich in der Sportredaktion immer Hilfe und Rat bekommen habe und die Kollegen auch mit angebrachtem Lob nicht geizten. Ich jedenfalls habe sehr viel bei meinen Kollegen der Sportredaktion gelernt. Wer je in dieser Redaktion des Rundfunks tätig war und nicht zu einem anerkannten und gefragten Journalisten wurde, an den Kollegen der Sportredaktion kann es nicht gelegen haben.

Sportsprecher wollten viele werden. So wie sich unter den Reportern Oertel, Hempel, Eberhard, Kose, Schulz und Schulze oder Preiss einen Namen gemacht hatten, galt es im Sprecherbereich für Herbert Küttner. Textsicher mit spannungsgeladener Stimme war Herbert aus Tausenden Sprechern herauszuhören. Er konnte aus einer einfachen Streckendurchsage bei der Friedensfahrt von dem und dem Kilometer mit der und der Spitzen- und Verfolgergruppe ein Riesenereignis machen. Bei ihm kann man wirklich sagen: oft kopiert nie erreicht. Und das im wahrsten Sinne des Wortes. Ich konnte damals Herbert bestens kopieren. Das lag vielleicht daran, daß ich in der Anfangszeit meiner Sportmoderation so sein wollte wie Herbert und deshalb die Stimme so färbte wie er und mich auch in der Diktion ihm anglich. Bis mir die Redaktionsleitung sagte, daß sie keinen zweiten Küttner, sondern Küttner und Feldmann haben wollten. Aber einmal lief ich doch noch zu Küttnerscher Hochform auf. Nach dem Start einer Etappe der Friedensfahrt trudelten die Fahrer gemächlich durch die Landschaft, im Fahrerfeld tat sich nichts, und es waren auch noch keine Angriffe oder Ausreißversuche zu erwarten. Trotzdem mußten in gewissen Abständen immer wieder Streckenberichte aus dem Studio gegeben werden. Die batteriebetriebenen Kofferradios der Friedensfahrtenthusiasten auf den Straßen oder wo sonst sie sich aufhielten, aber auch die Radios zu Hause mußten mit Streckeninformationen gefüttert werden. Herbert machte das für »Radio DDR« und den »Berliner Rundfunk«, ich für den »Deutschlandsender«. Um sich die Zeit etwas zu verkürzen hatte Herbert mit zwei anderen Kollegen ein »Blatt angeworfen«, soll heißen, sie spielten Skat. Herbert hatte ein Bombenblatt, als der Streckenbericht an der Reihe war. Im Studio von »Radio DDR«, wo sie saßen, war das kein Problem: Spiel unterbrechen, Ansage machen und den nächsten Trumpf gespielt. Für den »Berliner Rundfunk« hätte er ins Nachbarstudio gemußt. Das ging auf keinen Fall! Bei dem Blatt! Da ich meine Ansage auf dem »DS« bereits hinter mir hatte, meinte Herbert, ich solle doch die Durchsage auf dem »Berliner« mal mitmachen. Kein Problem! Feldmann wurde zu Küttner, und zwar so gekonnt, daß es außer den Anwesenden im Studio keiner mitbekam.

Ansonsten haben wir durchaus ernsthaft gearbeitet. Schließlich hatte der Rundfunk gegen die immer stärker werdende Konkurrenz Fernsehen anzukämpfen. Das galt besonders für Großereignisse wie die Olympi-

Olympische Spiele 1972, Studio in Adlershof

schen Spiele. Bei insgesamt fünf Spielen durfte ich Studiomoderator in Berlin sein. 1960, Squaw Valley, noch im Rundfunk, 1964, Sommer in Tokio und Winter in Innsbruck, Sommer 1968 Mexiko City und Sommer 1972 München.

Squaw Valley war eine besondere Herausforderung. Aus der DDR durften offiziell keine Journalisten an den Winterspielen teilnehmen. Ja, sogar Trainern war die Einreise untersagt worden. Eine NATO-Verfügung.

Der Rundfunk war bekannt für seine exzellente Berichterstattung von Olympischen Spielen oder Weltmeisterschaften. Mochten große Teile der DDR-Bevölkerung für Nachrichten und Hitparaden sonst Westsender einschalten, die Sportinformationen holten sich die meisten von ihnen dann doch wieder bei den DDR-Sendern. Das sollte sich übrigens später bei der Fernsehberichterstattung fortsetzen. Und nun saßen wir im fernen Berlin ohne jegliche Medien-Verbindung zu unseren Teilnehmern. Das konnte, das durfte nicht sein. Wir übertragen Olympia!

Die Verantwortlichen des Rundfunks, gemeinsam mit der Sportredaktion, ließen alle Beziehungen spielen, gewannen Mitglieder der DDR-Olympia-Mannschaft, Journalisten befreundeter Rundfunkstationen, Nachrichtenagenturen und Zeitungen als Berichterstatter und Reporter für Übertragungen von wichtigen Entscheidungen. Dafür wurden alle möglichen Telefone und Leitungen genutzt, die uns andere Rundfunkstationen solidarisch zur Verfügung stellten, weil alle diese Willkür der Amerikaner nicht verstanden. Bei uns im Rundfunkstudio standen Fernsehgeräte, von denen wir die Bilder des Westfernsehens für unsere Rundfunkreportagen nutzten. So zum Beispiel beim Goldsprung von Helmut Recknagel, bei dem Harry Glass mit seinem Gipsbein als Co-Reporter im Studio saß. Während dieser Winterspiele schliefen wir auf Campingbetten gleich im Studio, um sofort greifbar zu sein. Meine Frau, ebenfalls im Rundfunk beschäftigt, versorgte mich mit frischer Wäsche und Kleidung. Ähnlich handhabten es fast alle Kolleginnen und Kollegen, die ins Olympiateam eingebunden waren, ob nun redaktionelle oder technische Kräfte. Und das waren beileibe nicht alles glühende DDR-Anhänger. Aber man wollte es den Amis zeigen. Mit uns nicht! Verglichen mit der sonst gewohnten Berichterstattung vom Weltsport erlebten die Hörer zwar nicht alles bis in jede Einzelheit mit. Aber auf keinen der 27 Wettbewerbe bei den XVII. Olympischen Winterspielen mußten sie verzichten. Wir konnten stolz sein und waren es auch.

Gutgefüllte Prämienkuverts nach den Spielen zeigten uns, daß auch die Leitung des Hauses mit uns zufrieden war. Wir hatten eine Schlacht gewonnen gegen den »Klassenfeind«. Für Millionen Rundfunkhörer war das Übertragungsverbot von den Olympischen Winterspielen 1960 tatsächlich eine feindliche Handlung. Nicht überall in der DDR konnten westdeutsche Rundfunksender empfangen werden. Wo es möglich war, ließ oft die Tonqualität zu wünschen übrig. Der Ausschluß der Journalisten von den Spielen war der Ausschluß der ganzen Bevölkerung. Damit unterstützte der Westen, wer immer dafür die Verantwortung hatte, mit praktischen Beispielen die Ideologie der DDR-Politik vom Klassenfeind.

An diese beruflichen Erlebnisse und Höhepunkte war während des Praktikums und in der Zeit danach noch nicht zu denken. Wenn ich mit dem Studium fertig wäre, hatten Wolfhard Kupfer und Heinz Florian Oertel gesagt, sollte ich mich bei ihnen melden. Man werde dann sehen, wie es mit meinen sportlichen Ambitionen weitergehen könne.

Das sollte länger dauern, als ich, als wir Rundfunkschüler gedacht hatten. Zwei Jahre später als geplant zog ich im Funkhaus ein. Der Grund dafür war ein Aufruf der Freien Deutschen Jugend an alle Jugendlichen der Republik, ihren Staat mit der Waffe in der Hand zu verteidigen und sich freiwillig zwei Jahre für die Kasernierte Volkspolizei, KVP, zu verpflichten. Die meisten Rundfunkschüler sahen sich überhaupt nicht in der Freiwilligen-Pflicht. Zwingen könne uns keiner, sagten wir uns. Das hätte auch niemand vor, hieß es. Nur, wie wollten wir denn als Journalisten andere von der Notwendigkeit überzeugen, die Heimat zu verteidigen, wenn wir es selbst nicht täten? Einsicht in die Notwendigkeit. Das hätten wir doch bei Stalin gelernt. Wenn diese Einsicht fehle, wer solle denn dann eine Notwendigkeit sehen, uns Rundfunkjournalisten werden zu lassen.

Die Einsicht siegte. Während die Mädchen und nichttauglichen Jungen weiter die Schulbank drückten, legten die Freiwilligen vorzeitig ihre Prüfung ab und marschierten mit druckfrischen Journalistenzeugnissen in die Kasernen.

Militärisches Zwischenspiel

Wir waren vier Absolventen, die in Mühlhausen ihre Grundausbildung erlebten. Eines Tages erzählte einer der Kumpel, daß in der Divisionszeitung in Erfurt ein Redakteur gesucht werde. Wir könnten uns doch bewerben.

Macht mal, sagte ich. Ich war inzwischen Kompanieschreiber geworden und mußte kaum noch Dienst schieben und an der Ausbildung teilnehmen. Der »Spieß« war froh, wenn ich ihm den ganzen schriftlichen Kram abnahm. Die Blanko-Ausgangsscheine lagen in meinem Schreibtisch. Was wollte ich mehr? Die drei anderen ehemaligen Kommilitonen schickten ihre Bewerbungen ab.

Eines Tages mußte ich sie ins Zimmer des Kompaniechefs bestellen. Ein Oberleutnant, Chefredakteur der Divisionszeitung, wollte sie sprechen. Kurze Zeit später wurde auch ich gerufen. Er, so der Chefredakteur, habe Kenntnis von vier Rundfunkschülern, es hätten sich aber nur drei beworben. Warum nicht auch ich, wollte er wissen. Ich weiß nicht, welcher Teufel mich ritt oder welcher Engel es mir einflüsterte, jedenfalls hörte ich mich sagen, daß ich mich freiwillig zur KVP gemeldet hätte, um das Waffenhandwerk zu erlernen, und ich wüßte nicht, ob ich das in einer Redaktionsstube könne. Meine Kumpels starrten mich mit offenen Mündern an. So viel Blödheit hatten sie nicht erwartet. Wie konnte man eine solche Chance mit Füßen treten?

Bei der Kasernierten Volkspolizei, 1955

Wie das Waffenhandwerk am besten erlernt werden könne, darüber solle ich mir mal keine Gedanken machen, meinte der Zeitungsmensch. Der Kompaniechef werde in den nächsten Tagen meinen Marschbefehl unterschreiben, und er erwarte mich in Erfurt in der Redaktion.

Jetzt klappten die Münder wieder zu, meine Kumpels mußten kräftig schlucken. Wahrscheinlich habe ich auch nicht den intelligentesten Gesichtsausdruck gehabt.

Die Stelle in der Redaktion nannte sich »Literarischer Mitarbeiter«, eine wirklich poetische Umschreibung für Redakteur. Eigentlich war das die Planstelle für einen Oberleutnant. Sie konnte aber auch mit einem Unteroffiziersdienstgrad besetzt werden. Der hätte dann den Dienstgrad Unteroffizier und die Dienststellung Oberleutnant, nach der er auch bezahlt wurde, zumindest einen Ausgleich bekam. Ich war aber noch nicht Uffz. Die Beförderung kam ruckzuck.

In der Druckerei, Setzerei und Redaktion arbeiteten insgesamt sieben Personen. Hier hältst du es bis zum Ende der Wehrzeit aus, dachte ich. Es kam wieder einmal anders. Im Frühjahr 1956 wurde die KVP in die Nationale Volksarmee umgewandelt.

Die Regelung, eine Offiziersplanstelle mit einem Nichtoffizier zu besetzen, war nicht mehr statthaft. Deshalb wurden Kurzlehrgänge zur Erlangung eines Offiziersdienstgrades angeboten. Das war möglich, weil die meisten Personen, die das betraf, in nicht direkt militärischen Bereichen eingesetzt waren, wie eben in Redaktionen oder im Finanzapparat der Armee. Mit der Offizierslaufbahn war aber eine mehrjährige Dienstverpflichtung verbunden. Nichts für mich. Ich wollte so schnell wie möglich zum Rundfunk. Also mußte ich die Redaktion verlassen und wurde wieder in Marsch gesetzt. Diesmal ging es nach Gera. Ein Wunsch von mir, den ich äußern durfte. In Langenberg und Bad Köstritz wohnten Freunde und Verwandte.

Ich wurde Feuerwerker ohne jegliche Ausbildung, von Tuten und Blasen keine Ahnung. Meine Aufgabe bestand in der Verwaltung aller Arten von Munition außerhalb und innerhalb des Objektes. Ein Klacks eigentlich, wenn man davon absieht, daß fehlende Munition bei einer Inspektion den Kopf hätte kosten können. Als ich richtig fit war und in allen Belangen durchsah und mitreden konnte, war meine Dienstzeit vorbei. Unteroffizier der Reserve Feldmann wird in Ehren entlassen, nachdem er noch an der 1.-Mai-Parade der NVA in Karl-Marx-Stadt, aufsitzend auf einem Mannschaftswagen, teilgenommen hatte. Zu dem Fahrerlebnis kam ich auch nur, weil man uns »Stubensoldaten« nicht zutraute, über eine längere Strecke den Schritt zu halten. Na ja, einmal dumm gestellt, reicht fürs ganze Leben!

Es ist noch gar nicht so lange her, da fuhr ich in Gotha an der alten Panzerkaserne vorbei. Hier hat mich mal der Regimentskommandeur einsperren lassen, sagte ich zu meiner Frau. Als Zeitungsredakteur mußte ich über eine Inspektion berichten, die die Divisionsleitung in verschiedenen Regimentern durchführte. Das Panzerregiment schnitt nicht besonders gut ab. Zu einer kritischen Berichterstattung ermuntert, muß ich wirklich mein Bestes gegeben haben, denn von Gotha bis Erfurt scholl der Ruf: »Wenn der sich hier noch einmal blicken läßt, den sperr ich ein!« Da die Artikel immer mit Dienstgrad und Namen gezeichnet waren, wußte der Genosse Major auch, an wen er sich zu halten hatte.

Ein paar Wochen später hatte ich in Gotha zu tun. Da ich mich anmelden mußte, wußte der Kommandeur, daß das Vögelchen nun bald in seinen Käfig flattern würde. Die Vogelfänger warteten schon am Kasernentor. Natürlich wußte der Mann genau, daß er mich nicht so einfach einbuchten konnte. Nach zwei Stunden war ich wieder frei und konnte meiner Arbeit nachgehen. Jedenfalls hatte er sein Gesicht gewahrt und mich, wie versprochen, eingelocht.

Berlin, ich komme!

Frühjahr 1957. Nun mal keene Hektik, junger Mann! Reihen Se sich schön ein in den Kreislauf, erst Arbeit dann Zuzugsgenehmigung – Arbeit erst mit Zuzugsgenehmigung. Und das kann dauern.

Die Personalabteilung des MDR vertröstet immer wieder. Da muß nachgeholfen werden! Denn beim Abschlußgespräch vor zwei Jahren an der Rundfunkschule war festgelegt worden, daß ich nach Berlin gehe und zum Sprecher ausgebildet werde. Ein energischer Brief, mit dem Hinweis auf den in den Armee-Entlassungspapieren enthaltenen Vermerk des Verteidigungsministers, daß den ehemaligen Angehörigen der NVA schnell und unbürokratisch in jeder Weise zu helfen sei, schaffte den Durchbruch. Wer sieht schon gern seinen Namen auf einer Eingabe an den Minister!

Noch habe ich kein Zimmer in Berlin. Für die ersten Tage komme ich bei Helmut Pietsch, meinem ehemaligen Lehrer an der Rundfunkschule und jetzigen Mentor unter.

Schließlich finde ich eine Bleibe in Adlershof, bei einer Schlummermutter, die mich für wenig Geld in Kost und Logis nimmt und mit Stullenpaketen versorgt, als müsse ich das ganze Funkhaus verköstigen. Sie ist eine von den »Altberlinern«, die noch sagen, sie fahren nach Berlin in die Stadt, wenn sie von Adlershof zum Alex wollen.

Ihre Tochter, die sie regelmäßig besucht, wohnt in Westberlin und arbeitet in einer Fleischerei. Was bei

Ladenschluß noch an Aufschnitt in der Auslage liegt, geht ans Personal, kommt am nächsten Tag nicht noch einmal auf die Theke. Ich bin gut versorgt.

Mein Quartier befindet sich schräg gegenüber vom S-Bahnhof. Das Fernsehen ganz in der Nähe. Doch wen interessiert das schon zu diesem Zeitpunkt. Mein Augenmerk gilt dem Rundfunk in der Nalepastraße im Ortsteil Oberschöneweide.

Durch mein Praktikum 1955 wußte ich, wie man zu welcher Jahreszeit am günstigsten zum Funkhaus fährt. Jetzt war Frühling, also konnte ich die Fähre von Baum-

1963

schulenweg ans gegenüberliegende Ufer nehmen. Im Winter war die Spree oft zugefroren, und man mußte sich den von der Fähranlegestelle zurückkommenden Kollegen anschließen und zurück zum S-Bahnhof Baumschulenweg marschieren. Von dort ging es bis Ostkreuz. Hier mußte in die Straßenbahn 13 umgestiegen werden. In den meisten Fällen kam man zu spät zum Dienst. Es sei denn, man hatte die längere Route gleich mit einkalkuliert und war entsprechend eher aufgebrochen. Das Rätselraten, ob die Fähre fuhr oder nicht, wurde dann einfach dadurch beendet, daß der »Berliner Rundfunk« einen Verkehrshinweis in seinen Sendungen gab – was ja noch nicht üblich war – und die Kollegen dadurch wußten, welchen Anfahrtsweg zur Arbeit sie nehmen konnten. Für die aus dem Süden kommenden Kollegen bestand noch die Möglichkeit, vom S-Bahnhof Schöneweide mit der Straßenbahn bis Wilhelminenhofstraße und dann weiter mit der 82er Tram zu fahren.

Ich glaube, zu dieser Zeit durfte man sogar noch auf dem hinteren, durch Schiebetüren zu öffnenden Perron rauchen. 1955, während des Praktikums, war es auf alle Fälle noch gestattet. Und wer keine Zigaretten mehr hatte: direkt an der Haltestelle war ein kleiner Laden für Rauchwaren aller Art, sogar für abgezählte kleinere Stückzahlen. Doch die Verkehrshinweise für den Fährbetrieb nützten gar nichts, wenn urplötzlich Nebel aufkam und der Fährmann statt in Richtung anderes Ufer Kurs aufs Eierhäuschen in Treptow nahm. Es kam auch schon mal vor, daß unser Spreekäptn im Gartenlokal neben der Anlegestelle am Abend zuvor ein Bierchen oder Schnäpperken zuviel getrunken hatte und schlicht und einfach verpennte. Da auch Dauerbewohner der Gartensiedlung die Fähre nutzten, wurde der »kranke« Binnenschiffer rigoros und ohne Rücksicht auf seinen Zustand geweckt.

Beim ersten Kadergespräch erfolgte meine Anstellung. Ich bekam einen Vertrag als Aufnahmeleiter beim »Deutschlandsender« mit der Maßgabe, bei entsprechender Qualifikation als Nachwuchssprecher übernommen zu werden. Um die Qualifizierung mußte ich mich selbst kümmern. Die Sendeleitung sorgte lediglich dafür, daß mir ein erfahrener Sprecher, eben Helmut Pietsch, als Mentor zur Seite stand.

Das Mikrofon täglich vor Augen, konnte es nun losgehen.

Als Rundfunkaufnahmeleiter hatte ich die von Sprechern, Redakteuren oder Kommentatoren auf Tonband zu sprechenden Texte aufzunehmen. Die rein technische Seite lag selbstverständlich in der Hand von ausgebildeten Tontechnikern. Ich hatte den Text mitzulesen, auf Versprecher zu achten und mußte das Band dann sendefertig in der Sendezentrale abliefern, von wo es direkt an den Sendefahrer ging, der für den gesamten vorgegebenen Ablauf eines Sendetages verantwortlich war. Der Aufnahmeleiter hatte darüber hinaus darauf zu achten, daß die vorgegebene Sendezeit des jeweiligen Beitrages eingehalten wurde. Und da zu einem Beitrag auch immer eine An- und Absage gehörte, zählte die natürlich zur Sendezeit dazu. Wenn also ein Beitrag mit einer Minute und dreißig Sekunden konzipiert war, durfte er nur etwa eine Minute und fünfundzwanzig Sekunden lang sein. Die restlichen Sekunden waren für die An- und Absage reserviert. Obwohl das die Redaktionen genau wußten, versuchten sie immer wieder zu tricksen. Jeder Neue war ein willkommenes Objekt. Versuchen kann man es ja.

Beispiel: Die fertigen Bänder konnten von den Redakteuren auch selbst im Sendebüro oder direkt beim Sendefahrer abgeliefert werden. Oft beschrifteten sie dann auch noch die Bandkartons und trugen eine geschönte Zeit ein. Um 30 Sekunden kann man schon mal schummeln. Ja, aber mit mir nur einmal. Ein Anschiß des Sendefahrers reichte mir. Von Anfang an wurde mir eingetrichtert, mich gegenüber den Redakteuren unnachgiebig zu zeigen.

Im Aufnahmestudio ist der Aufnahmeleiter der Chef. Er legt fest, in welcher Reihenfolge, je nach Dringlichkeit, die Beiträge fertiggestellt werden und wann welcher Beitrag aufgenommen wird. Es gab natürlich auch feste Zeiten, zum Beispiel für die Aufnahme des Tages-Kommentars. Ab einer bestimmten Zeit wurde das Studio dafür freigehalten. Dabei passierte es durchaus, daß die vorhergehende Aufnahme um ein paar Minuten mit der geplanten Kommentarzeit überlappte. Auf jeden Fall mußte der Kommentator sich zuerst beim Aufnahmeleiter melden und ihm sein Manuskript übergeben. Erst dann ging er ins Studio.

So war die seit Jahren vorgegebene Regel, die ja nicht ich erfunden hatte. Und es galt ein eisernes Gesetz: bei Rotlicht hat keiner das Studio zu betreten.

Der damalige Sendeleiter des »Deutschlandsenders« und damit mein Chef war zugleich auch einer der Kommentatoren: Karl-Eduard von Schnitzler, Kled, wie er genannt wurde. Schon damals nicht ohne Einfluß.

Ich wußte, daß ich den Kommentar mit ihm aufzunehmen hatte, und war ein wenig in seine Aufnahmezeit geraten. Noch hatte er sich aber nicht blicken lassen, und ich sah keine Veranlassung, die Aufnahme abzubrechen, zumal nur noch ein paar Zeilen zu sprechen waren. Noch war die Aufnahme nicht beendet, da wurde, trotz Rotlichts, die Studiotür aufgerissen und jemand polterte herein. Durch einen Vorhang im Studio konnte ich den Störenfried nicht sofort erkennen und rief über Mikro ziemlich barsch ins Studio, welcher Anfänger es den wage, die Aufnahme zu stören. Erst jetzt wurde Schnitzler sichtbar und meinte lakonisch, daß das, wenn er nicht irre, seine Aufnahmezeit sei. Ich fragte, ob er denn nicht das Rotlicht gesehen hätte, und so gerieten wir ziemlich hart aneinander, beruhigten uns aber bald, denn wir mußten seinen Kommentar über die Bühne bringen. Ganz Chef verließ er danach den Aufnahmebereich. Während unseres Disputes war es still im Technikraum. Nur wir beide waren nicht zu überhören. Die Spannung löste sich erst, als Kled wieder weg war.

Du mußt doch lebensmüde sein, meinten die Kollegen. Meine Stunden beim »DS« seien bestimmt gezählt. Es wurden schließlich sechs Jahre.

Offensichtlich hatte Schnitzler doch einen Sinn für Gerechtigkeit gegenüber seinen Kollegen. Der kleine Krach hatte keinerlei Nachwirkungen. Im Gegenteil. Vor jeder Aufnahme rief nun seine Sekretärin an, ob Kled kommen könne.

Eines muß man ihm lassen, er war ein Arbeitstier. Ich erinnere mich genau, da hatte ich schon meinen Stuhl vorm Mikrofon eingenommen, an die »Betrachtungen zum Sonntag« beim »Deutschlandsender«. Während andere Kommentatoren diese Sendung sonnabends, manchmal sogar schon freitags aufnahmen, kam Schnitzler Sonntag früh 7 Uhr mit seinem schwarzen VW-Cabrio ins Funkhaus, holte sich aus den Redaktionen einen Packen Zeitungen und schrieb unter dem Eindruck ganz aktueller Fakten seine Betrachtung. Manchmal zog sich das so lange hin, daß er die Sendung sogar live sprach.

Die Tätigkeit als Aufnahmeleiter nahm mich ganz schön in Anspruch. Sicher, ich war nicht ganz unbeleckt, was die Rundfunkarbeit betraf, aber viele praktische Dinge waren fremd für mich. Ich mußte cuttern lernen, das heißt, Versprecher oder andere Fehler aus den Aufnahmen herausschneiden können. Selbstverständlich gab es hervorragende Cutterinnen, die nicht nur ihr Handwerk bestens beherrschten, sondern dazu auch noch hübsch waren. Immer gekleidet nach dem neuesten Chic, was nicht gerade nach HO- oder Konsum-Haut-Couture aussah. Da müssen wohl Hertie oder C&A dahintergesteckt haben. Jedenfalls ging man lieber zu ihnen, als selbst am Schneidetisch zu schnippeln und zu kleben. Und ein kleiner Plausch war allemal drin. Manchmal gab es so viel zu tun, daß der Aufnahmeleiter einfach nicht die Zeit hatte, beim Cuttern dabeizusein. Band und Manuskript wurden dann eben den Mädels überlassen, und sie erledigten die Arbeit souverän.

In den Türen der Cutterräume waren kleine Fenster. So war gleich zu erkennen, welcher Raum besetzt oder frei war. Manchmal schlenderten Redakteure aus lauter Langeweile durch den Gang und schauten in die Fenster. Die Cutterinnen selber und die Kollegen nannten das belustigt den »geilen Blick durchs Cutterfenster«.

Meine erste Verabredung mit einer Kollegin vom Schnitt war ein glatter Reinfall.

Ob sie denn nicht Lust hätte, am Wochenende mit mir zur Ruderregatta nach Grünau zu gehen, fragte ich sie. Ja, sagte sie, wir könnten uns dort treffen, sie habe ebenfalls die Absicht, zum Rudern zu gehen, vielleicht sieht man sich. Wir trafen uns in Grünau, ich legte mich mächtig ins Zeug, spendierte zunächst erst einmal eine »Berliner Weiße« und freute mich sowohl auf die Wettkämpfe als auch auf einen wunderschönen Nachmittag mit einer schönen Frau. Es war noch keine halbe Stunde vergangen, da tauchte ein mir wohlbekannter und, ich kann sagen, durchaus berühmter Kollege bei uns auf.

Das übliche Hallo und wie geht's, sie stand auf, bedankte sich für die »Weiße« und entschwand.

Als ich die Geschichte einem befreundeten Kollegen erzählte, schaute er mich mitleidig an und fragte, ob ich denn das nicht gewußt hätte, daß die beiden ... Nee, hatte ich nicht. Die beiden sind übrigens immer noch!

Weitere derartige Reinfälle blieben mir erst einmal erspart. Meine Freizeit war knapp bemessen, denn ich mußte mich neben der Aufnahmeleitertätigkeit noch um die Qualifikation zum Sprecher kümmern.

Bei Helmut Pietsch mußte ich »Parallelfahren«, wie das Praktikum neben einem erfahrenen Sprecher genannt wurde. Immer wenn ich Zeit hatte, konnte ich mit ihm Dienst tun, unter der Voraussetzung, daß meine eigentliche Arbeit nicht darunter litt.

Tag der Republik, 1963
Volksfest in der Karl-Marx-Allee

Die Praxis gestaltete sich so, daß ich beispielsweise nach einem Frühdienst als Aufnahmeleiter noch einen Spätdienst als »Parallelfahrer« dranhing oder vor einem Aufnahmeleiter-Spätdienst zum Frühdienst bei Helmut antanzte. So eine Arbeitszeit von 16 Stunden war nicht täglich möglich. Klar, mit 21 steckt man das eine Weile ganz locker weg, aber auf die Dauer geht das auch in jungen Jahren nicht gut. Zwei, höchstens drei solcher

Zusatzdienste waren möglich, auch wenn meine Ungeduld groß war.

Wie lief nun das Parallelfahren ab?

Helmut Pietsch tat seinen Sprecherdienst wie gewohnt. Während er die Nachrichten sprach, blieb mir das aufmerksame Zuhören, bei dem ich mir hin und wieder Notizen machte, zum Beispiel darüber, warum er das so und so betont oder gerade an dieser oder jener Stelle eine Pause gesetzt habe. Nach dem Gedankenaustausch war ich mit der praktischen Arbeit an der Reihe. Von mir auf Band gesprochene Nachrichten wurden von Helmut und mir gemeinsam abgehört, von ihm korrigiert, von mir wieder neu gesprochen, bis ein einigermaßen vernünftiges Resultat vorlag.

Helmut machte mich vertraut mit den verschiedenen Möglichkeiten, bei Nachrichten etwas hervorzuheben. Die Betonung eines Wortes ist die eine Seite. Variieren kann der Sprecher aber auch mit dem Tempo oder durch das Verbinden zweier durch Interpunktion getrennter Sätze, indem er das entsprechende Satzzeichen akustisch mißachtet und was es an dergleichen Tricks noch gibt.

Weiter mußte ich lernen, Meldungen »prima vista« zu sprechen. Das sind Texte, die der Sprecher »zum ersten Mal sieht«, die er vor dem Sprechen nicht durchlesen konnte. Den Hörer oder Zuschauer interessiert das aber nicht. Muß ja auch nicht. Er hat ein Recht darauf, diese »Prima vista Meldungen« genau so korrekt vorgetragen zu bekommen wie mehrmals durchgelesene Nachrichten. Um das zu beherrschen, mußte ständig trainiert werden. Wo immer ich die Möglichkeit hatte und keinem auf die Nerven ging, schnappte ich mir Texte und las sie ohne vorherige Kenntnisnahme des Inhalts laut vor.

Das mache ich übrigens heute noch so, um sprecherisch fit zu bleiben. Manchmal kommt dann meine Frau aus dem Nebenzimmer und meint, ich solle den Fernseher leiser stellen.

Noch etwas anderes galt es zu üben. Nicht selten bekommt der Sprecher Agenturmeldungen auf den Tisch, und zwar so, wie sie vom Redakteur aus dem Ticker gezogen werden. In diesen Fernschreiben ist alles klein geschrieben und die Umlaute als ae, oe oder ue.

Ich habe lange keine Agenturmeldung mehr in der Hand gehabt, deshalb kann ich nicht mit Sicherheit sagen, ob es heute noch so ist, daß in den Meldungen auch bestimmte Interpunktionen mit Buchstaben angegeben wurden. Das Semikolonzeichen beispielsweise wurde in der Agenturmeldung mit »smk« vermerkt. Das war einer jener Vermerke, die speziell für die Printmedien bestimmt waren, wie auch »abs« als Hinweis für einen Textabsatz. Und »forts. folgt« war keine unanständige Ankündigung, sondern der Hinweis darauf, daß es sich hier um eine Serienmeldung handelte, die in Kürze fortgesetzt würde.

All das mußte ein Neuling wissen, wenn er nicht in die gleiche Falle tappen wollte wie so mancher Eleve vor ihm, der diese für die Redaktion gedachten Hinweise aus Unkenntnis der Dinge mitsprach und die Redakteure, die das vernahmen, reihenweise in Ohnmacht fallen ließ.

Wenn die Sekretärinnen die Nachrichten fast blindlings in die Schreibmaschinen hämmerten, achteten sie darauf, daß lange Zusammensetzungen von Substantiven mit Bindestrichen geschrieben wurden, zur besseren Übersicht für den Sprecher. Wir alle kennen ja den Schulkalauer »Blumento – pferde«. Als ungeschriebenes Gesetz jedoch galt, daß am Ende der Zeile kein Wort getrennt werden darf. Die Erfahrung und die Praxis hatten das Gesetz geschrieben. Als ein Sprecher in den Nachrichten Erfolge in der Schwer – Industrie als Erfolge der Schwerin – dustrie verkündete und in einer Aufnahme dem Hörer kundgetan wurde, daß Beethovens Urin – stinkt, wurde der Ur – Instinkt bei den Redakteuren geweckt, Worttrennungen am Zeilenende zu untersagen.

Später im Fernsehen hatte ich es ebenfalls mit »Prima vista Überraschungsmeldungen« zu tun. Da konnte der Zuschauer sogar sehr oft selbst sehen, daß dem Sprecher eine Nachricht gereicht wurde. Und er war dann voll des Lobes, daß dieser jene offenbar hochaktuelle Nachricht problemlos meisterte. Ich gebe zu, daß manchmal dieses sichtbare Hereinreichen als Showeffekt genutzt wurde. Eines Abends jedoch geschah das mit einer Meldung, die bereits in der Zeitung gestanden hatte. Von da an kamen nur noch echte »Prima vista Meldungen« während der Sendung auf den Tisch, und das möglichst so, daß es vom Zuschauer nicht bemerkt wurde.

Bis ich dieses Können unter Beweis stellen konnte, sollte es noch eine Weile dauern. Zunächst war ich damit beschäftigt, mir Sprecherfähigkeiten anzueignen, die bei der Rundfunk-Obrigkeit Zustimmung fanden. So, wie ich es geschildert habe, verlief jeder Übungstag mit meinem Mentor. Nur mußte es von Tag zu Tag perfekter werden.

Nach meinem Verständnis wurde es das auch, und selbst Helmut hatte immer weniger zu bemängeln. Sicher, perfekt ist man nie, und mal schleicht sich hier ein kleiner Fehler ein, mal da. Das ist dabei nicht das Entscheidende. Es kommt darauf an, die immer wiederkehrenden Dinge auszumerzen, Dinge, die darauf hindeuten, daß ein Grundprinzip noch nicht richtig verarbeitet wurde. Genau so wichtig ist, daß der Mentor mitbekommt, daß sein Schüler selbst bemerkt, was er falsch gesprochen hat. Es ist nämlich gar nicht so abwegig, daß ein Sprecher selbst überhaupt nicht hört, daß er falsch betont hat und der Text keinen »Klang« bekommt. Wenn man solchen Leuten eine Nachricht

Fernsehforum, 1966
l. Hubert Kröning, stellv. Chefredakteur der AK, r. Fritz Möllendorf, Auslandskorrespondent

vorspricht, sprechen sie die gekonnt nach, mit richtiger Betonung, Pausensetzung und allem Drum und Dran. Sie sind jedoch nur selten in der Lage, selbst und ohne Hilfe, die richtigen Akzente im Text zu setzen.

Ein gewiefter und mit allen Wassern gewaschener Sprecher kann eine verkorkste Betonung oft wieder »hinbiegen«. Wenn er beispielsweise am Satzende versehentlich mit der Stimme »oben bleibt«, statt auf Punkt zu sprechen, wird er versuchen, den nächsten Satzanfang dem falschen Satzende stimmlich anzupassen. So einfach, wie sich das schreibt, ist es nicht, ich sprach ja aber auch von gewieften Sprechern. Und auch hier macht Übung den Meister.

Helmut Pietsch reichte immer wieder Bänder mit meinen Nachrichten bei der Sendeleitung ein – ohne Erfolg. Nein, er ist noch nicht so weit, hieß es.

Was denkt da ein von sich und seinen Leistungen eingenommener junger Mensch? »Die da oben sind taub! Haben ja keine Ahnung!«

Mein Lehrer setzte allerdings durch, daß ich im Nachtdienst früh 3 Uhr 50 den Seewetterbericht auf Langwelle sprechen durfte: Skagerrak – Winde aus Ooost bis Nordooost.

Dieses lang gezogene »O« hat schon seinen Sinn. Der Seewetterbericht über Langwelle war für die Schiffe auf Hoher See bestimmt, weit weg von der Heimat. Die Schiffe empfingen die Mitteilungen mit allen nur denkbaren atmosphärischen Störungen. Und damit kein Hörfehler auftrat bei den kurzgesprochenen Vokabeln West und Ost, geriet das gedehnte Ooost in den Sprachgebrauch.

Eine berufliche Offenbarung war der Seewetterbericht nicht gerade, aber ein Anfang war gemacht. Man konnte ihn sich ja auch schön reden, denn wichtig war der Seewetterbericht auf alle Fälle, möglicherweise rettete er Schiffe und Besatzungen vor Unwettern, war er deshalb nicht sogar wichtiger als manche Nachricht? Na ja, letzteres war nicht zu leugnen.

Doch selbst die unwichtigste Nachricht wäre mir lieber gewesen als der lebenrettende Seewetterbericht. Nach und nach holte mein Mentor für mich die Genehmigung ein, kürzere aktuelle Texte als Aufnahme sprechen zu dürfen, allerdings nicht live. Das war wieder ein Fortschritt für mich. Jetzt mußte ich nur möglichst viele Redakteure davon überzeugen, daß ich ihre Texte genau so gut sprechen konnte wie andere Kollegen. Ein bißchen anmaßend war das schon. Zu viel Bescheidenheit ist in diesem Metier aber auch nicht angebracht.

Vom Sprechen und Versprechen

Als Aufnahmeleiter habe ich die unterschiedlichsten Charaktere von Sprechern kennengelernt. Ich kann mich heute noch darüber amüsieren, wenn Sprecher für ihre Versprecher allem möglichen die Schuld geben, nur nicht sich selbst. Da konnte einer gerade diese Stelle im Manuskript schlecht lesen, obwohl alles eindeutig zu entziffern war. Plötzlich wäre ein Geräusch im Studio zu hören gewesen, obwohl seine Stimme das einzige war, was im Studio ein Geräusch verursachen konnte. Mußte ein Manuskript von zwei Sprechern verlesen werden, waren den Ausreden Tür und Tor geöffnet.

Merke: ein Sprecher trägt nie selbst die Schuld daran, daß er sich verspricht.

Dabei könnte er sich bei so manchem sprachlichen Fauxpas zugute halten, für etwas Heiterkeit beim Hörer oder Zuschauer gesorgt zu haben.

Ein paar Kostproben gefällig?

Auch wenn wir umgangssprachlich durchaus von einem Dreckwetter sprechen, im Wetterbericht kommt »wolkig bis bedreckt« nur in der schmuddeligen Aussprache des Sprechers vor. Die saubere Version ist bedeckt.

Die Wetterinformation »in den Morgenstunden stellenweise Nebel« reicht dem Hörer. Er will gar nicht wissen, daß auch noch in den »Morgenstullen« stellenweise Nebel enthalten ist.

Nicht immer können Versprecher erklärt werden. Im vorangegangenen Fall allerdings ist es möglich. Der Sprecher ist nämlich mit den Augen immer schon ein paar Wörter voraus. Und während er sich akustisch die »Morgenstunden« auf die Zunge holte, sah er optisch schon »stellenweise« vor sich und vereinigte beide Vokabeln zu den »Morgenstullen.«

Vielleicht weilten die Gedanken eines Sprechers während des Wetterberichts zu sehr bei seinem Nachwuchs, denn er sprach plötzlich von »mäßigen südlichen *Windeln*«.

Manchmal passiert es, daß man schon beim Durchlesen eines Textes bei einem Wort Schwierigkeiten bekommt, es immer und immer wieder vor sich hin spricht, immer wieder einen Fehler macht und dann in der Sendung gebannt auf die Stelle wartet, an der das besagte Wort kommt. Hier überträgt sich der Spruch vom ängstlich auf die Schlange starrenden Kaninchen.

Es gibt eine uralte Anekdote über einen sehr sprechsicheren Kollegen. Ich kann mich nicht dafür verbürgen, daß das Drumherum um den Versprecher stimmt. Die Geschichte ist quasi von Generation zu Generation weitergegeben worden, und der eine oder andere hat möglicherweise dichterische Freiheiten etwas großzügig genutzt. Manch einer behauptet sogar in Memoiren, bei diesem Versprecher zugegen gewesen zu sein. Das trifft allerdings auf meine Zweifel. Der Versprecher jedoch war wirklich einmal aus dem Radio zu vernehmen.

Es soll einen Kollegen gegeben haben, von dem hatte noch keiner auch nur den kleinsten Hacker, geschweige denn einen richtigen Versprecher gehört. Er war so mit dem Rundfunk verheiratet, daß er es sich selbst an Geburtstagen oder Dienstjubiläen nicht nehmen ließ, Dienst zu tun. An einem solchen Tage, er hatte Nachtdienst, bedrängten ihn die Kollegen, ihnen zur Feier des Tages einen kleinen lustigen Versprecher zu liefern. Er habe doch im Mitternachtskonzert die »Nußknackersuite« von Peter Tschaikowsky anzusagen und könne doch das »N« beim Knacker weglassen, was bestimmt große Heiterkeit auslösen würde.

Das war für den akkuraten Sprecher natürlich unannehmbar. Die Kollegen jedoch ließen nicht locker und suggerierten ihm bei jeder Gelegenheit den Begriff »Nuß ... kacker«. Wenn er nach einer Ansage aus dem Studio kam, erinnerten ihn die »lieben« Kollegen gleich wieder daran.

Schließlich war es soweit.

Unser Perfektionist ging ins Studio, die Kollegen versammelten sich im Technikraum, von wo man durch eine schalldichte Glasscheibe ins Studio schauen konnte. Von hier aus sah der Sprecher, wie seine Kollegen deutlich die Mundstellung zu dem von ihnen erhofften und gewünschten Wort machten. Er bekam Rotlicht, das deutliche Zeichen dafür, daß das Mikrofon geöffnet war, er konzentrierte sich, um nicht in die Falle seiner Kollegen zu tappen und sagte seriös:

»Liebe Hörerrinnen und Hörer, wir setzen unser mitternächtliches Konzert fort mit der Nußknacker–Suite von Peter *Schaiskowsky.*«

Immer mal wieder wurde in Kollegenkreisen der Versuch unternommen, andere hereinzulegen. Wenn man wußte, welches Musikstück der Kollege oder die Kollegin in der nächsten Zeit anzusagen hatte, versuchte man es mit ähnlichen Beeinflussungen wie bei der Nußknackersuite. So ganz beiläufig trällerte man dann eben den Schlagertext »Keiner liebt dich so wie ich« in der Version »Keiner liebt dich wieso ich«.

»Besame mucho« ist spanisch, hat wohl was mit küssen zu tun. Ausgesprochen wird das erste Wort aber am Ende mit einem langen »E«, ähnlich wie in Klee – »besamee«. Ausgerechnet auch noch eine Sprecherin verkündete nach entsprechender Suggestion über den

Sender die deutsche Aussprache »besame mucho«, worauf die Frage erlaubt sein muß: »Wer ist mucho«?

Man sollte es nicht glauben, aber mit den Puhdys handelte sich ein Kollege einen mächtigen Rüffel ein. Als er die Band mit dem Titel »Alt wie ein Baum möchte ich werden« ansagte und hinzufügte, daß er gern so alt werden möchte wie die Puhdys, stand das Telefon im Funkhaus nicht mehr still, und die Großkopfeten des Senders verpaßten dem Sprecher eine strenge Rüge. Das Image der beliebten Rock-Gruppe durfte nicht beschädigt werden. Ja, das gab es auch. Das Dumme daran war nur, daß man nie wußte, wann man etwas sagen konnte und wann nicht. Und was gestern noch möglich war, das konnte heute schon wieder der größte Fehler sein.

Ein Nachtdienst im Rundfunk umfaßte die Zeit von 19.30 Uhr bis zum nächsten Morgen 7.30 Uhr.

Ab 4.00 Uhr gab es halbstündlich fünf Minuten Nachrichten und zwar immer eine Fassung für die vollen Stunden, vier, fünf und sechs Uhr, und eine Fassung für die halben Stunden. Es kam selten vor, daß um diese Zeit neue Meldungen dazu kamen. Wenn der Sprecher seine Dienste von 4.00 Uhr und 4.30 Uhr verlesen hatte, kannte er schon alle Meldungen und mußte sich nicht auf den nächsten Dienst vorbereiten und die Nachrichten noch einmal überfliegen. Dementsprechend spät ging er nach dem Plausch mit den Kollegen ins Studio, manchmal wirklich auf den letzten Drücker.

So auch ich. Als ich zu meinem Sprechertisch kam, fehlte der Stuhl. Während ich geplaudert hatte, mußte wohl ein Kollege heimlich den Stuhl entfernt haben. Ich war so spät dran, daß es keine Möglichkeit mehr gab, eine neue Sitzgelegenheit zu besorgen. Die Nachrichten mußte ich nun in der Hocke verlesen.

Fünf Minuten können sehr lang sein!

Im Messestudio, 1964

Man sollte meinen, ein Versprecher wiederholt sich nicht noch einmal in der gleichen Art und Weise. Weit gefehlt. Obwohl einer der Versprecher schon als Anekdote in Sprecherkreisen kursierte, fielen dem Wort noch zahlreiche Kollegen zum Opfer. Ich bildete da keine Ausnahme. Nachts leichte »Bevölkerungszunahme.«

Die Wetterberichte waren eine regelrechte Fundgrube für »Lapsus Linguae«. Lateinisch klingt der Begriff für »sich versprechen« richtig vornehm. Zumal »versprechen« bekanntlich zweierlei Bedeutung hat. Einmal in dem Sinne, daß man etwas zusagt, und dann in dem Sinne, sich beim Sprechen zu verhaspeln, sich zu verwirren. So ist also das Versprechen den Nachrichten so immanent wie den Wahlreden.

Vorsicht also vor Verwechselungen der Wortbedeutung. Womöglich kommt sonst noch jemand auf den Gedanken, Politiker könnten bei ihren Wahl-Versprechen verwirrt gewesen sein. Allerdings, kann oder will sich ein solcher Volksvertreter nach der Wahl nicht mehr an das erinnern, was er vor der Wahl gesagt hat, dann ist das kein Lapsus Linguae, sondern ein Lapsus Memoriae, ein Gedächtnisfehler, bei Politikern sozusagen eine Berufskrankheit mit hoher Abfindungsgarantie, falls sie mal wegen Gedächtnisschwund aus dem Verkehr gezogen werden sollten.

Bei Lapsus Linguae wird der Sprecher nicht gleich aus dem Verkehr gezogen. Es sei denn, die von ihm gesprochenen Texte sind auf Dauer eine einzige Verhaspelei. Gewöhnlich bleibt es beim erhobenen Zeigefinger, mitunter verbunden mit einem leichten Schmunzeln.

Einmal war aber weder den Chefs noch dem Verursacher eines Versprechers zum Lachen zumute.

Rundfunkhörer, die sich durch Nachrichten sowohl bei Ost- als auch Westsendern informierten, wußten, daß der Wetterbericht unterschiedlich angekündigt wurde. Bei den DDR-Sendern hieß es: »Zum Abschluß der Nachrichten der Wetterbericht des Meteorologischen Dienstes der DDR«. »RIAS-Berlin« kündigte die Wettervorhersage als »Wetterbericht des Meteorologischen Instituts der Freien Universität« an.

Nun war es bei den meisten Sprechern gang und gäbe, sich Westnachrichten anzuhören. Das war allgemein bekannt, selbstverständlich stellte sich keiner auf den Marktplatz und verkündete lauthals, was er gerade beim RIAS oder SFB gehört hatte, aber was sollte die Obrigkeit machen? Gern gesehen war es nicht. Von besagtem Kollegen jedenfalls war eine neue Art der Wetterankündigung zu vernehmen: »Zum Abschluß der Nachrichten hören sie den Wetterbericht des Meteorologischen Instituts der Freien ...« Pause ... und dann weiter »... Deutschen Demokratischen Republik«.

Das hatte eine sogenannte »Aussprache« zur Folge, in der dem Kollegen unmißverständlich klar gemacht wurde – und was er doch nun auch selbst gemerkt habe –, wie schädlich es sei, sich beim »Klassenfeind« zu informieren. Er habe damit ganz erheblich das Vertrauensverhältnis zwischen den Hörern und dem demokratischen Rundfunk gestört.

Nach meiner Kenntnis blieb der Kollege weiterhin Sprecher, durfte eine Weile nicht vor das Originalmikrofon und hatte wohl auch eine Gehaltskürzung hinzunehmen.

Ich selbst habe es nicht mehr erlebt und kenne es nur aus Gesprächen von Kollegen, die sicher waren, daß noch bis Anfang der fünfziger Jahre, in der Stalin-Ära, dieser Sprecher sofort entlassen worden wäre.

Bestimmt hat er sich auch weiter auf beiden Seiten informiert, unterließ es jedoch, im Kollegenkreis auch nur die geringste Anmerkung zu Nachrichten aus dem Westen zu machen.

Diese Situation, sich verstecken zu müssen mit seiner Meinung, keinen Austausch von Gedanken zulassen zu können, führte im Rundfunk unter anderem dazu, daß Mitarbeiter in den Westen gingen. Damals noch relativ unkompliziert mit einer S-Bahnfahrkarte.

So war eines Morgens der Sprecher der Frühschicht beim »Deutschlandsender« nicht zum Dienst erschienen. Zunächst glaubte man, er habe verschlafen oder sei erkrankt, doch da hätte sich der als korrekt geltende Kollege bestimmt gemeldet. Nach und nach sickerte durch, daß er die Republik verlassen hatte. Abgesehen von dem üblichen Szenario der Befragung der Kollegen, ob sie was gewußt hätten, und der »von oben« geäußerten Ansicht, daß man damit eigentlich hätte rechnen müssen – denn so richtig auf dem Boden unserer Republik hätte »der« sowieso nie gestanden und was dergleichen mehr bei solchen Gelegenheiten an Verdächtigungen, Beschimpfungen und mitunter auch Verunglimpfungen üblich war –, abgesehen davon also mußte die Sendeleitung den Dienst neu organisieren und geriet in Besetzungsnot.

In der damaligen Zeit war es nicht so einfach wie heute, einen Ersatzsprecher heranzubeordern. Die wenigsten hatten Telefon, und bis ein Kurier mit Auto die verschiedenen Adressen abgeklappert hatte, konnten Stunden vergehen. Ersatz mußte sofort her. Gut, wenn alle Stränge rissen, hätte man auch noch auf einen Sprecher der anderen Sender zurückgreifen können, das allerdings sah man bei den Verantwortlichen der einzelnen Radiostationen nicht so gern. Auch bei den Sprechern des aktuellen Wortes, wie der Bereich der Sprecher genannt wurde, die den Redaktionen für Aufnahmen zur Verfügung standen, war kein Sprecher greifbar, der für Nachrichten in Frage gekommen wäre. Irgendeiner muß dann den Hut mit dem Namen Feldmann in den Ring geworfen haben. Ich hatte Aufnahmeleiterdienst, war sofort greifbar und nun plötzlich nach Ansicht der Sendeleitung durchaus brauchbar. Der »Deutschlandsender« hatte einen neuen Sprecher. »Sie hörten Nachrichten, gesprochen von Klaus Feldmann«, hieß es nunmehr im Früh-, Spät- oder Nachtprogramm.

Die voller Ungeduld ertragene Sprecherausbildung zahlt sich aus. Mir gelingt ein glänzender Einstieg. Mit großer Sicherheit spreche ich Sendung für Sendung. Habe teil an der Verbreitung von historischen Ereignissen wie dem Start des ersten sowjetischen Sputniks, der die Erde 92 Tage lang umkreist. Über dreieinhalb Jahre später, im April 1961, ich habe gerade die 8-Uhr-Nachrichten beendet, muß ich wieder ins Studio. Das laufende Radioprogramm wird unterbrochen, und ich verlese die soeben über den Ticker gekommene Meldung über den Flug des ersten Menschen in den Kosmos.

»moskau: zum ersten mal in der welt ist in der sowjetunion am 12. april ein raumschiffsputnik »wostok« mit einem menschen an bord auf die reise um

ak23/
-0806
23/20 - mensch im weltraum
m o s k a u , 12. april 61 (adn) - zum ersten mal in der welt ist
in der sowjetunion am 12. april ein raumschifsputnik ''wostok''
mit einem menschen an bord auf die reise um die erde geschickt wor-
den. meldet tass. (forts. folgt)++do-0807
-0811
24/21 - mensch 2 (20 ist mensch 1)
--eil
adn - der raumfahrer ist der sowjetische buerger fliegermajor juri
alexejewitsch gagarin mit ihm besteht zweiseitige funkverbindung.++
(forts. folgt)++do

-0812
25/ 22 - mensch 3
der raumschiffsputnik mit dem raumfahrer wiegt 4 725 (4 725)
kilogramm, die letzte stufe der traegerrakete nicht eingerechnet.
++do

-0827
k--eil--
26/23 - tass 1
ueber wdassmitteilung
tass-mitteilung ueber weltraumflug
m o s k a u , 12. april 61 adn - tass verbreitet folgende mittei-
lung: am 12. april 1961 ist in der sowjetunion zum ersten mal in
der welt ein raumschiffsputnik, ''wostok'', mit einem menschen an
bord auf die reise um die erde geschickt worden (. (folgt 2)++

tass-Meldungen

die erde geschickt worden, meldet tass. der raumfahrer ist der sowjetische buerger fliegermajor juri alexejewitsch gagarin. mit ihm besteht zweiseitige funkverbindung.«

Während eines Nachtdienstes werde ich mit zwei anderen Kollegen in »Quarantäne« genommen. Unter

-0838
--eil--
28/25 - tass (2)
adn - der pilot des raumschiffs, des sputnik ''wostok'', ist der
buerger der union der sozialistischen sowjetrepubliken fliegermajor
juri alexejewitsch gagarin./abs/ der start der mehrstufigen kosmi-
schen rakete verlief erfolgreich, und nachdem das raumschiff die
erste kosmische geschwindigkeit erreicht und sich von der letzten
stufe der traegerrakete losgeloest hatte, begann es mit dem
freien flug auf einer bahn um die erde. (folgt 3)+kn

-0854
v--eil--
35 /32 - mensch
adn - um 10.00 uhr moskauer zeit uebermittelte major gagarin, als
er sich ueber afrika befand, von bord des sputnik-raumschiffs
''wostok'': ''flug verlaeuft normal. den zustand der schwerelosig-
keit ertrage ich gut.''++kn

12/4 tass 4-1=
= mitteilung der tass eins =
moskau 12. april-tass-. am 12 rpt 12. april 1961
rpt 1961 ist in der sowjetunion zum ersten mal in der
welt ein raumschiffsputnik , '' wostok '', mit einem mens-
chen an bord auf die reise um die erde geschickt worden;
/ folgt /
10.19

strengster Geheimhaltung müssen wir die Verfügungen zum Banknotentausch auf Band sprechen und werden danach gemeinsam mit allen an der Aufnahme Beteiligten in einen separaten und verschlossenen Raum ohne Telefon gebracht und bestens versorgt. Erst als die Verlautbarungen gesendet werden, können wir nach Hause.

Die tägliche Arbeit mit Nachrichten bringt mich näher an die politischen Auseinandersetzungen dieser

Zeit. Inzwischen bin ich in die SED aufgenommen worden. Den Aufnahmeantrag hatte ich noch während der Armeezeit gestellt. Als »Studierter« gehörte ich nicht mehr zur Arbeiterklasse und mußte als »Intelligenzler« eine zweijährige Kandidatenzeit bestehen.

Das war auch so eine Regelung, bei der man sich an den Kopf faßte. Der Arbeiter-und-Bauern-Staat schickte seine Arbeiterkinder zum Studium, drängte sie geradezu in die Universitäten, verstieß sie aber anschließend damit aus ihrer Klasse und verbannte sie in die Schicht der Intelligenz. Das wiederum hatte Auswirkungen auf den Lebenslauf der Kinder, die nämlich nun von der sozialen Herkunft aus der Intelligenz kamen, was nicht ohne Benachteiligung bei der Bewerbung für ein Studium war. Meine soziale Herkunft blieb trotz Intelligenzstatus Arbeiter.

Immer mehr politische Entscheidungen, die die Arbeit des Rundfunks tangieren, deuten hin auf eine Abschottung der DDR. Die gesetzliche Regelung, daß in den Programmen mindestens 60 Prozent der Titel von DDR-Komponisten stammen müssen, bringt gewaltige Einschnitte bei der Gestaltung der Musikprogramme. Ein dreiviertel Jahr später startet Heinz Quermann seine »Schlagerrevue«. Die 60:40-Regelung versuchen die Musikredakteure dadurch zu umgehen, daß sie ein längeres Medley beliebter Westmelodien senden. Dieses Allerlei wird nur als ein Titel gewertet. Von den Notenwächtern wurde das eine ganze Weile, vielleicht auch unerkannt, geduldet.

Die Musikreglementierung hatte neben politischen auch handfeste ökonomische Gründe. Für Westtitel mußten bei der GEMA, die die Aufführungsrechte kontrolliert, Devisen bezahlt werden. Auch die Westsender hatten bei gesendeten DDR-Titeln harte Währung an die AWA, das GEMA-Gegenstück im Osten, zu zahlen. Es wurden aber wenig DDR-Komponisten in der BRD

Als Jugendweiheredner

gespielt. Dabei gab es durchaus hörenswerte Kompositionen, Orchester, Sängerinnen und Sänger. Nahm die heutige Mißachtung von DDR-Künstlern damals ihren Anfang?

Der »Kalte Krieg« fand sein Schlachtfeld im Äther. Als Nachrichtensprecher gehörte ich zur Infanterie in vorderster Reihe.

Neuland

Das Fernsehen war auf mich aufmerksam geworden. Besser gesagt, wurde auf mich aufmerksam gemacht. Helmut Pietsch empfahl ein paar Leuten, sich doch mal meine Nachrichten anzuhören. Das blieb nicht ohne Auswirkungen. Ich wurde engagiert als Moderator für Jugendsendungen, besprach Filme für die Wirtschafts- und Landwirtschaftsredaktion, und schließlich meldete sich auch der Sport.

Bald betrat ich weiteres Neuland im DEFA-Studio für Populärwissenschaftliche Filme in Babelsberg. Neben Schauspielern waren besonders Rundfunkleute gern besetzte Sprecher. Das war vor allem der Tatsache geschuldet, daß für die damalige komplizierte Aufnahmetechnik textsichere Sprecher gebraucht wurden. Sprache, Musik und Geräusche eines Filmes wurden damals in einem Guß auf die Tonspur des Filmes gespielt. Wenn sich also der Sprecher versprach – und sei es beim letzten Wort des Textes –, wenn der Regisseur ein falsches Einsatzzeichen gab oder der Musikredakteur sein Musik- oder Geräuschband falsch abspielte und dann vielleicht auch noch der Tonmeister einen Fehler machte, mußte alles wieder von vorn beginnen. Da konnte es schon mal passieren, daß man bis zu fünf, sechs Stunden im Studio zubrachte.

Gern erinnere ich mich an eine Episode aus dem DEFA-Dokumentarfilmstudio in der Berliner Otto-Nuschke-Straße, der heutigen Jägerstraße, wo ich genauso gern gearbeitet habe wie in den Synchronstudios in Johannisthal.

Ein Dokumentarfilm war mit zwei Sprechern besetzt, wovon ich den umfangreichen Hauptpart zu sprechen hatte und der zweite Akteur ein paar kurze Zitate. Dafür hatte der Regisseur den Schauspieler und Theaterintendanten Wolfgang Langhoff besetzt. Es waren nicht allein seine schauspielerischen Leistungen, die mich zum Beispiel in den »Sonnenbrucks«, im »Wallenstein« oder den »Drei Schwestern« beeindruckt hatten. Seine Biografie gebot mir Achtung: Flucht aus dem KZ Börgermoor in die Schweiz und sein Erlebnisbericht »Die Moorsoldaten«, wozu er den Text des bekannten Liedes schrieb.

Die Mischung des Dokfilms erfolgte nach dem beschriebenen Schema.

Bei der Verabschiedung sagte Langhoff zu mir, daß er während der Aufnahme Blut und Wasser geschwitzt habe, aus Angst, sich bei seinen paar Zeilen zu versprechen und ich die langen Passagen hätte wiederholen müssen. Ich war verblüfft. Das hatte ich nicht erwartet. Das war nicht nur Kollegialität. Das war die Größe eines wirklich Großen, eines Könners, der Achtung vor der Arbeit der anderen zeigte.

Bewahre dir das ebenfalls, dachte ich in diesem Moment und vielen ähnlichen in späteren Zeiten. An solchen Menschen will man sich ein Beispiel nehmen. Doch das gelingt nicht immer, und man zerstört die Arbeit eines ganzen Teams. So wie ich im Februar 1976, als ich schon ein paar Jahre bei der »Aktuellen Kamera« war.

Obwohl ich um 19.30 Uhr die »Aktuelle Kamera« zu sprechen hatte, nahm ich am Nachmittag an der Geburtstagsfeier eines Kollegen teil und prostete ihm nicht nur einmal zu. Die Durchlaufprobe der Sendung um 18.00 Uhr lief ohne Probleme. Bis zur Abendsendung hatte offensichtlich der Alkohol seinen Weg in die Blutbahnen gefunden und verfehlte seine Wirkung nicht. Gelallt habe ich nicht, etwas bedächtiger gesprochen vielleicht, aber dafür um so heiterer bei den Erfolgsmeldungen über die hervorragenden Leistungen der Werktätigen.

Ergebnis dieses süffisanten Auftritts war eine Sperre als Sprecher sowohl im Bild als auch für Filmnachrichten. Diese Sperre dauerte bis zum Ende des Jahres, während dessen ich als außenpolitischer Redakteur in der Nachrichtenredaktion arbeitete.

Diese Sperre ging völlig in Ordnung. Auf Live-Sprecher muß sich ein Sender hundertprozentig verlassen können. Obwohl ich über diese Nachrichtensendung einige Vermerke in meiner Stasiakte fand, hatte die Sperre selbst keinen politischen Hintergrund. Bis heute hält sich hartnäckig das Gerücht, ich hätte zum Abschluß der Sendung gesagt, »das war der Scheiß von heute«. Meine ehemaligen Chefs bestätigten mir, daß diese Worte nicht über meine Lippen gekommen sind. Dann nämlich wäre im Januar 1977 eine Rückkehr auf den Bildschirm nicht möglich gewesen.

Dieses mir nicht gerade zur Ehre gereichende Vorkommnis bekam allerdings einen fast satirischen Aspekt. Für das Jahr 1976, in dem ich nicht auf dem Sender war, wurde ich von den Fernsehzuschauern zum Fernsehliebling gewählt. Da mir insgesamt dreizehn Mal diese Ehre des Publikumspreises zuteil wurde, nehme ich in aller Unbescheidenheit an, daß damit nicht meine Bildschirmabstinenz belohnt werden sollte.

Nachträglich führte der Eklat dazu, daß ich damit sogar 2003 in »Das Rekordbuch« über Besonderheiten, Kuriositäten und Superlative aus dem Osten aufgenommen wurde. So bin ich statt berühmt wenigstens berüchtigt.

Die Arbeit bei der DEFA in Babelsberg vor 1961 bewahrte mich vor einer Unterschrift, der Rundfunkmit-

Bei einer Veranstaltung mit dem Autor des »Rekordbuches«, Wolfgang Richter, 2003

arbeiter und vor allem Genossen nur sehr schwer entrinnen konnten. Noch war die Grenze offen. Trotzdem wurde es nicht gern gesehen, daß wir die Westsektoren betraten. Deshalb sollten wir unterschreiben, daß wir nicht den Westen betreten würden. Ich konnte ins Feld führen, daß es meine Arbeit bei der DEFA mit sich brachte, daß ich aus Zeitgründen nicht langwierig um Berlin herumfahren könne, sondern mit der S-Bahn durch den Westen fahren und mitunter zum Umsteigen auch aussteigen müsse.

Oh, wie oft habe ich bei meinen Westberlin-Fahrten in ein erschrockenes Gesicht eines Kollegen geblickt, wenn ich ihn bemerkt hatte und freundlich grüßte.

Wurde ich dann in der Kantine zum Kaffee eingeladen, fiel beiläufig die Bemerkung: »Du, letztens auf dem Bahnhof Westkreuz, das muß nicht jeder wissen.« Ich habe viel Kaffee getrunken.

Längst war ich nicht mehr das Sprecher-Greenhorn. Gott sei Dank, vorbei auch die Schreckenszeit, da ich keine Sendung fehlerfrei über die Runden brachte. Als ich mit Bravour eingestiegen war, hatten mich alle Kollegen vor dieser Zeit gewarnt.

Es fängt an mit einem oder zwei kleinen Versprechern in einem Nachrichtendienst. Im nächsten Dienst wieder einer. Nun reiß dich mal zusammen, denkst du. Aber ich konnte machen, was ich wollte, kein Dienst war mehr einwandfrei. Da alle Kollegen diese Situation kannten, weil sie sie ebenfalls durchlitten hatten, versuchten sie zu trösten. Selbst die Chefs, sonst unerbittliche und kritische Hörer, übten Nachsicht und versuchten mich wieder aufzubauen. Und selbst möchte man ja auch beweisen, daß man ein sicherer Sprecher ist. Das führt ganz schnell zu einer Überkonzentration, und es wird alles nur noch schlimmer. Ein Rezept zur Abhilfe gibt es nicht. Einfach versuchen, locker ins Studio zu gehen und nicht an vorangegangene Versprecher denken.

Nun darf man sich das nicht so vorstellen, daß diese Pechsträhne Wochen dauert. Nein, die geht vielleicht drei bis vier Tage. Aber während eines Dienstes mußte der Sprecher etwa fünfmal Nachrichten verlesen. Wenn er in jeder Sendung einen Hacker hat, dann ist er nahezu am Verzweifeln.

Die Qualen hatten auch für mich ein Ende. Ich fand zu alter Form zurück. Das heißt nicht, daß Versprecher überhaupt nicht mehr passierten. Doch jetzt waren sie etwas Natürliches. Der Mensch ist schließlich keine Sprechmaschine. Die Sprechfehler lösten keine Panik

Vorbereitung für die Sendung

mehr aus, sie lähmten nicht die Konzentration und das Reaktionsvermögen. Jetzt war ich auch in der Lage, kleine Fehler auszubügeln ohne den Inhalt der Nachricht zu verändern oder zu verfälschen. Über kleine sprachliche Hacker konnte ich so geschickt hinweggehen, daß der Hörer meinte, sich verhört haben zu müssen und sich quasi fast dafür in Gedanken entschuldigte, gedacht zu haben, ich hätte mich versprochen. Der Sprecher muß die Nerven besitzen, sich von dem Versprecher nicht beeindrucken zu lassen, sonst kommt der zweite Lapsus gleich hinterher.

Wie verbessere ich einen Versprecher? Ist es angebracht, lieber den ganzen Satz oder gar die ganze Nachricht zu wiederholen, oder mache ich damit alles nur noch schlimmer? Was ist der Inhalt der Nachricht? Bei einer Unglücks- oder Todesnachricht muß ich mich bei einer Korrektur anders verhalten als beim Wetterbericht, um ein krasses Beispiel zu nennen.

Diese Überlegungen muß der Sprecher ohne Zeitverzug treffen. Er kann da nicht erst noch eine längere Pause einlegen. Und vor allem kann er nur in den seltensten Fällen Erfahrungswerte nutzen. Jede Situation, in der ein Versprecher passiert, ist anders, nicht vergleichbar.

Ich nehme als Beispiel zur Erläuterung meiner Behauptung wieder den Wetterbericht. Er ist ja als Bestandteil der Nachrichten eine wichtige Informationsquelle sowohl für berufliche Vorhaben als auch für Freizeitunternehmungen, Spiel, Sport, Urlaub. Sein Informationswert steigt jedoch beträchtlich in Katastrophenzeiten, etwa bei Flutkatastrophen. Hier kann eine lockere, flapsige Bemerkung bei der Korrektur eines Versprechers die zu diesem Zeitpunkt sensibler reagierenden Menschen verstimmen.

Im Fernsehen ist zu beobachten, daß der Sprecher oder die Sprecherin beim Wetterbericht plötzlich von der ernsten Miene abrückt und das Schubfach Heiterkeit öffnet und lächelnd verkündet, daß nun der Wetterbericht folge. Das Lächeln könnte aber auch so gewertet werden, daß der Sprecher froh ist, die Sendung geschafft zu haben. Ich habe auch das vermieden. Meine Gedanken waren folgende: Wenn ich lächelnd das größte Sauwetter ankündige und der eine oder andere Zuschauer tritt am nächsten Tag seinen Urlaub an oder befindet sich bereits auf Erholung, wird er meinen Frohsinn nicht begreifen. Für den, der arbeiten muß, ist es weniger schlimm, es sei denn, er ist im Freien beschäftigt und muß trotz strömenden Regens seine Arbeit verrichten. Dann wird er mein Lächeln möglicherweise mit der Bemerkung kommentieren, daß ich ja grinsen könne, ich säße ja im Trockenen. Und bei Hitze und strahlendem Sonnenschein? Da ist es nicht anders. Der Urlauber freut sich, wer arbeiten muß, nimmt mir mein klimatisiertes Studio übel.

Wie man es auch macht, »allen Menschen recht getan, ist eine Kunst die niemand kann«. So schickte ich in den überwiegenden Fällen die Zuschauer unbelächelt ins Abendprogramm.

Mimik und Gestik gehören nicht in die Nachrichten, denn sie können eine Meinung des Sprechers ausdrükken, die nicht gefragt ist. Der Nachrichtensprecher ist der sachliche Verkünder von Fakten und Ereignissen, seine Meinung hat, so lange er auf dem Sender ist, in den Hintergrund zu treten. In Moderationen können hochgezogene Augenbrauen und unterstützendes Kopfnicken noch angehen und den Textinhalt unterstützen. Bei Nachrichten haben diese Ausdrucksmittel nichts zu suchen.

Ich werde oft gefragt, was ich bei den Nachrichten, die ich zu verlesen hatte, gedacht habe.

Was denken sich Journalisten bei solch einer Frage? Sie müßten es eigentlich aus eigener Anschauung wissen, daß man, eingebunden in eine Redaktion, trotz aller Individualität und schöpferischer Freiheit den Geist dieser Redaktion, der Zeitung oder Zeitschrift zu erfüllen hat. Will ich das nicht, möchte ich in einer konservativen Redaktion linksgerichtete Berichterstattung betreiben, wird man sich wohl oder übel von mir trennen müssen.

Wenn sich also jemand entschließt Nachrichtensprecher zu werden, ein Beruf, in dem er sehr oft Informationen zu verkünden hat, die nicht seiner Meinung entsprechen, dann muß er alles lesen, was auf den Tisch kommt, oder er kann diesen Beruf nicht ausüben. Heute kann ich möglicherweise noch den Sender wechseln, für mich bestand diese Möglichkeit nicht, und den Beruf wollte ich nicht an den Nagel hängen, nur weil die Erfolgsmeldungen nicht immer mit der Wirklichkeit übereinstimmten. Außerdem gab es in den Sendungen durchaus viele Informationen, beispielsweise in der Außenpolitik, die der Realität entsprachen. Man darf da nicht immer alles über einen Kamm scheren.

Sicher, es gibt Kollegen, die heute sagen, sie seien depressiv geworden bei den Nachrichten der »Aktuellen Kamera«. Dann können sie ja eigentlich nur froh sein, heute keine Nachrichten mehr lesen zu müssen, denn bei den Lügenmeldungen etwa über die Kriegsgründe der USA im Irak wären sie äußerst suizidgefährdet.

Kurioserweise wurde mir die Frage, wie man denn die AK-Nachrichten hätte aushalten können, auch von heutigen Sprechern gestellt, die sich vergeblich bei der »Aktuellen« beworben hatten und darüber sehr vergnatzt waren. Da kann ich nur sagen: »Noch mal Glück gehabt, Kollege!« Die Frage, was man sich bei den Nachrichten gedacht hat, wird bezeichnenderweise nur den Ex-Sprechern der DDR gestellt. Ich jedenfalls habe in den zahlreichen Interviews mit Ex- und gegenwärtigen Tagesschausprechern noch keine derartige Meinungsabfrage vernommen. Im Sinne der verfassungsrechtlichen Gleichbehandlung lehne ich nunmehr die Beantwortung einer solchen Frage ab.

Ich möchte gern auf einen weiteren Gesichtspunkt eingehen, der zeigt, daß man sich in seinem Beruf den Gegebenheiten unterzuordnen hat.

Längst sind die Zeiten vorbei, da die Fernsehmacher den Zuschauer glauben machen konnten, die unentwegt in die Kamera schauenden Nachrichtensprecher würden ihre Meldungen auswendig hersagen können. Der Fernsehkonsument weiß inzwischen, daß hier mit

Auf dem Berliner Alexanderplatz: Solibasar

einem Lesegerät gearbeitet wird, das direkt vor das Objektiv der Kamera geschaltet ist und auf dem in großer Schrift die einzelnen Meldungen erscheinen.

Selbstverständlich ist das Lesegerät eine technische Neuerung, die im Fernsehen genutzt werden soll. Und ich bin durchaus dafür, daß sie zur Erleichterung der Arbeit bei Moderationen eingesetzt wird, ganz gleich, ob es Unterhaltungsprogramme sind, Moderationen in Magazinen oder Kommentare. Nur bei den Nachrichten habe ich meine ernsthaften Bedenken.

Das Blatt, von dem der Nachrichtenmann die Meldungen verliest, schafft die notwendige Distanz, die ihn zum unabhängigen, neutralen Verkünder von Meinungen und Ereignissen macht. Die Blätter liegen zwar nach wie vor auf dem Tisch, sie werden aber nicht benutzt, bleiben Staffage.

Nach meinen Beobachtungen erlaube ich mir das Urteil, daß die sprecherische Qualität bei Nachrichten mit Lesegerät nachgelassen hat. Wenn ich beispielsweise bei der »Tagesschau« die Leistungen der Sprecher in einer Nachmittagssendung oder den »Tagesthemen« mit denen um 20 Uhr vergleiche, wo noch vom Blatt gelesen wird, dann ist hier eine viel bessere Qualität zu beobachten.

Wenn ich Unrecht habe, will ich mich gern korrigieren: Ich bezweifle, daß der Wunsch nach einem Lesegerät von den Sprechern ausgegangen ist.

Kann sich nun ein Sprecher dagegen wehren? Kann er sagen, er wolle weiter vom Blatt lesen? Wird ihm das gestattet oder sagt man ihm, daß er das gern machen könne, nur nicht auf diesem Sender? Wäre ich in der Situation eines solchen Sprechers, ich würde mich für meine Aufgabe entscheiden und wäre korrupt genug, mit dem Lesegerät zu arbeiten. Die Freiheit nehme ich mir!

In der letzten Zeit kommen immer mehr Sender in den Verdacht der Schleichwerbung, indem Artikel unauffällig auffällig in Sendungen plaziert werden.

Nun frage ich mich, wer ermittelt gegen jene Nachrichtensprecher und Moderatoren, die während der Sendung ständig mit einem Kugelschreiber oder Bleistift präsent sind? Wer sind die Hintermänner, für die sie Werbung betreiben? Oder soll damit der Eindruck erweckt werden, die Kamera habe sie noch beim Schreiben der letzten Meldungen erwischt? Welcher Sprecher erklärt mir plausibel, warum er während der Nachrichten mit dem Kugelschreiber, Bleistift oder einem anderen Schreibgerät hantiert. Will er dem Zuschauer damit sagen, »schaut her, wie cool und lässig ich bin«?

Nachrichtensprecher aller Sender, hört die Signale! Laßt nicht auch noch die Nachrichtensendungen zur Selbstdarstellung verkommen!

Geständnis: Ich habe manchmal zu Beginn der Sendung auch einen Kugelschreiber in der Hand gehalten, ihn aber bei den ersten Worten weggelegt. Oder ich habe mir an die Hemdmanschette gegriffen, wenn ich ins Bild kam. Es war immer ein verabredeter Gruß an liebe Menschen.

Für mich war und ist Nachrichtensprecher der Traumberuf, wenn sich auch der Traum – doch darüber bin ich nicht traurig – auf Sprecher reduziert hat. Heute beschränke ich mich auf das, was ich auch schon immer gemacht habe, Filmtexte zu sprechen und mit Lesungen an die Öffentlichkeit zu treten. Natürlich profitiere ich hier von meiner Berufserfahrung und dem Training zum fehlerfreien Sprechen, das ich bis heute nicht vernachlässige. Wobei ich zugeben muß, in einer Live-Situation bin ich wesentlich konzentrierter als bei Sprachaufnahmen für Filme. Zumal die heutige Produktionsweise gar nicht vergleichbar ist mit den ehemaligen sogenannten Mischungen. Heute kann die Aufzeichnung bei einem Versprecher gestoppt werden, und man setzt dort wieder ein, wo man den Fehler gemacht hat. Übrigens habe ich diese Verfahrensweise der Sprachaufnahmen, nämlich einfach dort fortzufahren, wo der Versprecher war, schon zu meiner aktiven Zeit im Studio Heynowski & Scheumann kennengelernt. Ältere werden sich erinnern an die zahlreichen Dokumentationen aus diesem Studio, wie zum Beispiel »Der lachende Mann«, die Lebensgeschichte des skrupellosen Legionärs Kongo-Müller.

Zwischen Rundfunk und Fernsehen

Meinem Wunsch entsprechend war ich inzwischen ständiger Sportsprecher des »Deutschlandsenders« geworden. Meine alte Praktikumstruppe unterstützte mich in meinen Bemühungen, nachdem sie mir deutlich gemacht hatte, daß ich nun kein freies Wochenende mehr haben würde. Das müsse auch meiner Familie klar sein. Nicht, daß ich nach einem halben Jahr käme und das Handtuch werfen würde. Außerdem war die Maßgabe der Produktionsleitung, die für den Dienst der Nachrichten- und Programmsprecher zuständig war, daß meine eigentliche Arbeit nicht unter meinen Sportambitionen leiden dürfe. Es könne also durchaus sein, daß ich am Sonnabend oder Sonntag vor dem Sport noch einen Frühdienst machen müsse. Dafür bekäme ich insgesamt etwas mehr Gehalt. Das waren 150,00 Mark monatlich mehr.

Meine Frau und ich waren uns vorher darin einig geworden, daß der Sportjob wichtig für meine berufliche Entwicklung sei. Außerdem, das weiß jeder, der einmal im Schichtbetrieb gearbeitet hat, richtet man sich das Leben, den Alltag anders ein. Und ab 1961 mit der Einführung des Haushaltstages, korrekt Hausarbeitstag, war es möglich – auch wenn es vielfach vom Entgegenkommen des Betriebes abhing –, daß die Frau ihren

Haushaltstag am freien Tag des Mannes nahm, so daß die Ehepartner etwas gemeinsam unternehmen konnten.

Wie das so ist, es kam alles anders, als es gedacht war.

Zwar ging alles noch über viele Monate seinen gewohnten Lauf, doch im Mai 1961 veränderte ein Anruf meine Planungen. Die Chefredaktion der »Aktuellen Kamera« bitte mich um ein Vorsprechen. Es sei aber eilig, ob ich denn nicht schon morgen vorbeikommen könne.

Es geht, der Dienstplan ist kein Hindernis. Anzug und Schlips besitze ich auch.

Was die Fernsehleute nicht sagen, was allerdings schon der »Buschfunk« verbreitete und der eigentliche Grund für den plötzlichen Anruf war, einer der beiden festangestellten Sprecher der »AK« hat die Republik gen Westen verlassen. Er ist einer der Besten unseres Berufsstandes. Von ihm erzählen die Kollegen, daß sie sich einmal in sein Studio geschlichen hätten, als er die Nachrichten las, ihm dabei Schuhe und Strümpfe auszogen und seine Füße in kaltes Wasser stellten. Er soll ungerührt weitergelesen haben.

Nun verschafft mir also schon der zweite Republikflüchtling einen Karrieresprung.

In Adlershof werde ich von den Kollegen erst einmal mit dem Ablauf einer Sendung vertraut gemacht. 18.00 Uhr findet eine Durchlaufprobe statt mit allen zu diesem Zeitpunkt vorliegenden Filmberichten und Nachrichten für die Sendung 19.30 Uhr.

Bis vor kurzem lief die Sendung noch um 20.00 Uhr. Um eine Überschneidung mit der »Tagesschau« zu vermeiden, wird die »AK« um eine halbe Stunde vorgezogen.

Ich spreche die Probe. Sie scheint zur Zufriedenheit der Chefs auszufallen, denn die nächste Frage betrifft meinen Einsatz am nächsten Tag, ob ich da könne. Ich habe einen freien Tag und kann. So schnell hatte ich mir nach meinen Rundfunkerfahrungen mit wochenlangem Parallelfahren den Einstieg nicht vorgestellt. Wobei ich sagen muß, es traf mich nicht unvorbereitet.

Wie junge Menschen so sind in ihrer Ungeduld bei der beruflichen Entwicklung, meinte ich, müßte sich doch nun langsam auch bis zu denen herumgesprochen haben, welches Talent da beim »Deutschlandsender« schlummerte. Wenn ich eines Tages den Beweis dafür antreten müsse, wollte ich vorbereitet sein. Dementsprechend übte ich zu Hause das Sprechen vor einer Kamera, das heißt, ich übte, wie man vom Blatt in die Optik schaut und dann wieder die richtige Zeile auf dem Papier findet.

Bald wird das »Studio 5« in Adlershof mein zweiter Arbeitsplatz, denn der Rundfunkvertrag läuft ja weiter, und es gibt viel zu tun. Der andere feste Sprecher der »AK« löst seinen Vertrag und arbeitet freiberuflich. Da er ein hervorragender Sprecher ist, kann er sich über zu wenig Aufträge nicht beklagen, obwohl die Chefs der »Aktuellen« ihm seinen Weggang übelnahmen und versuchten, ihm auf seinem freiberuflichem Weg Steine in den Weg zu legen. Es gelang nicht, weil einfach die Begründung dafür fehlte, warum eine Redaktion im Fernsehen einen guten Sprecher nicht beschäftigen sollte.

Die optische Präsenz auf dem Bildschirm macht mich mit einem Schlag bekannt. Eine Nebenwirkung davon sind Zuschauerbriefe, die beantwortet werden müssen, und die Erfüllung von Autogrammwünschen. Da ich keine derartigen Bilder besitze, müssen sie erst angefertigt werden. Gar nicht so einfach, einen Termin mit dem Fotografen zu finden. Hat er Zeit, kann ich nicht und umgekehrt. Gedruckt werden die Fotos in Plauen. So geht alles seinen gewohnten sozialistischen Gang.

Die mit der Ehefrau gedachten gemeinsamen freien Tage wurden dem Fernsehen geopfert. Als Ausgleich

1963

1980

1983

1985

Autogrammkarten

dafür wurde für Winter und Sommer mit der ganzen Familie zweimal im Jahr Urlaub eingeplant und eingehalten.

Meine Doppelbeschäftigung bringt den ersten großen und vor allem anhaltenden Ärger. Beruflich kann mir keiner an den Karren fahren. Meine Leistungen im Rundfunk sind nicht schlechter geworden. Im Gegenteil. Ich darf die ersten Nachwuchssprecher anlernen. Doch ich schwänze viele der obligatorischen Gewerkschafts- und Parteiversammlungen, verweigere mich bei den Kampfgruppen unter Berufung auf meine Reservestellung bei der Nationalen Volksarmee, leiste kaum gesellschaftliche Arbeit.

Und dann ist da noch etwas. Ich trage auch in den Sendungen der »Aktuellen Kamera« kein Parteiabzeichen. Ich würde mich nicht zur Partei der Arbeiterklasse bekennen, wirft man mir vor. Ganze Versammlungen beschäftigen sich damit. Die Genossen des Fernsehens werden um Hilfe gebeten. Ich bleibe dabei, daß die Qualität meiner Nachrichten durch das Tragen des Parteiabzeichens nicht besser würde. Schließlich holen die Chefs der »AK« sich den Segen von ganz oben aus dem Ministerrat, dem Rundfunk und Fernsehen zugeordnet sind. Die entscheiden, daß es ganz gut wäre, wenn nicht alle auf dem Sender mit Parteiemblem auftreten würden. Deshalb solle alles so bleiben, wie es jetzt ist, einer mit und einer ohne Abzeichen. Das würde auch den Eindruck verwischen, im Fernsehen dürften nur Genossen arbeiten. Was ja auch nicht der Fall war. Das verzeihen mir die Betonköpfe im Rundfunk nicht.

Das Fernsehen bietet mir bereits nach wenigen Wochen einen festen Vertrag ab Januar 1962 an. Der Deutschlandsender lehnt meine Kündigung ab. Ich gebe klein bei, obwohl ich arbeitsrechtlich auf einer Kündigung hätte bestehen können. Das hätte bedeutet, daß ich die Rundfunktür mit einem Krach hätte zuschlagen müssen. Würde das Fernsehen dann trotzdem noch an seinem Angebot festhalten? Außerdem würden mir interessante Aufgaben im Rundfunk verlorengehen, wie Schulfunk, Feature oder Hörspielproduktionen. Ich sitze am kürzeren Hebel!

Langsam nerven mich die ständigen Querelen. Am liebsten würde ich hier alles hinschmeißen.

Bei einem Familientreffen mit Westschwager wird verabredet, er solle sich mal umhören, ob ich in seinem Bundesland Niedersachsen beim Rundfunk unterkommen könne.

Mit meinem Dienstplan vom »DS« im Gepäck, damit die Verantwortlichen in Hannover wissen, wann sie mich hören und einen sprecherischen Eindruck bekommen können, holt mein Schwager Erkundigungen ein. Sie fallen positiv aus. Ich könne kommen.

Nun beginnt die Zeit einer eigentlich schwachsinnigen Planung. Natürlich muß alles geheim bleiben. Lediglich die Eltern meiner Frau, bei denen wir wohnen, werden eingeweiht.

Wie werden wir die Möbel los, ohne daß es groß auffällt. Das ist noch machbar. Da ich gut verdiene, glaubt man uns. daß wir uns einfach neu einrichten wollen. Damit wir beim Start im Westen nicht ganz ohne finanzielle Mittel dastehen, muß noch ein bißchen was verdient werden, der Kurs steht 1:4. Wir planen als Zeitpunkt unserer Abreise den Monat September 1961. Mit der S-Bahn nach Westberlin. Kein Gepäck. Vorher noch einmal Urlaub machen, wer weiß, wann wir uns den wieder leisten können.

Um es deutlich zu sagen: Mein beabsichtigter Weggang war nicht primär politisch motiviert. Auch nicht materiell. Ich hatte seinerzeit mit 480 Mark im Monat beim Rundfunk begonnen, nach einem halben Jahr gab es die erste Anhebung. Schon bald bekam ich 1100 Mark, bei meinem Weggang 1300, das war ein Spitzengehalt beim Rundfunk – darüber lagen nur noch einige wenige Einzelverträge. Hinzu kamen die Honorare bei Fernseheinsätzen und anderen Veranstaltungen. Mir ging es finanziell besser als den meisten Menschen in der DDR. Es war eine Mischung verschiedener Momente, weshalb ich mich hierzulande nicht mehr sonderlich wohlfühlte. Es hatte sich alles eingespielt, wurde monoton, dann diese unerwiderte Zuneigung zu diesem Staat und meiner Partei, die kleinkarierten Reibereien, der Zoff wegen meines beabsichtigten Wechsels zum Fernsehen. Das verdichtete sich immer mehr, daß schließlich der Wunsch übermächtig wurde, woanders einen Neuanfang zu versuchen.

Die Ironie des Schicksals will es, daß ich am 13. August meinen Frühdienst im Rundfunk antrete und in den 8-Uhr-Nachrichten die Meldungen von der Schließung der Grenzübergänge verlesen muß. Kurz darauf werde ich ins Fernsehen beordert, um dort die Meldungen von der Grenzschließung und die Deklarationen der Warschauer Vertragsstaaten zu sprechen.

Die Redaktion der »Aktuellen Kamera« ist von den Ereignissen am 13. August genau so überrascht worden wie die Mehrzahl der DDR-Bürger. Ihr ist noch nicht einmal Zeit geblieben, die Verlautbarungen abzuschreiben. Ausgeschnitten aus dem »Neuen Deutschland« werden die Texte auf Papier geklebt und mir in die Hand gedrückt. Etwa 40 Minuten dauert eine solche Live-Sendung. Am Vormittag bin ich fast pausenlos im Einsatz. Eine Möglichkeit der Magnet-Aufzeichnung gibt es nicht. Erst am Nachmittag werden die Abstände zwischen den Sendungen länger. Da ich eine gute Konstitution habe, bin ich am Nachmittag noch so frisch wie am frühen Morgen. Außerdem bin ich in der Lage, mich im Studio voll auf den Text zu konzentrieren und kann alles um mich herum vergessen beziehungsweise nicht wahrnehmen. So lenken mich auch keine Gedanken ab betreffs des nunmehr gescheiterten Vorhabens Niedersachsen.

Am 14. August soll ich wieder die »Aktuelle Kamera« sprechen, muß aber zunächst noch zum Frühdienst beim »Deutschlandsender«. Die Zugänge zum Rundfunkgelände in der Nalepastraße sind streng bewacht. Überall sind bewaffnete Kampfgruppen aufgezogen. Ich traue meinen Augen nicht, sogar im Studio. Na ja, sage ich mir, wenn du sprechen mußt, werden sie schon verschwinden. Ein Irrtum meinerseits. Da meine Bitte, das Studio zu verlassen nicht befolgt wird, drohe ich damit, keine Nachrichten zu sprechen, wenn sie im Raum verbleiben. Das wirkt. Ich spreche unbewacht die Meldungen.

In meiner Naivität ahne ich nicht, was ich da ausgelöst habe. Mein Bewachungsprotest wurde »nach oben« gemeldet. Noch während ich die Nachrichten las, hatten sich die verfügbaren Genossen der Parteileitung, der auch der Kaderleiter angehörte, zusammengefunden und die weiteren Schritte gegen mich beraten. Die sahen eine sofortige Suspendierung vom Dienst vor und ein Verbot der Fernsehtätigkeit. Weitere Schritte würden sowohl einem Disziplinarverfahren als auch einem Parteiverfahren vorbehalten bleiben.

Feldmann, das war's dann wohl, dachte ich. Jetzt kannst du noch nicht einmal mehr weg. Jetzt muß man auch nicht mehr zimperlich mit dir umgehen. Jetzt werden sie alle über dich herfallen. Die Inquisition von Parteiverfahren war mit gut bekannt. Wie oft hatte ich miterlebt, wie alle über den Delinquenten herfallen, jeder darf seinen Schmutzkübel über ihn auskippen und dabei verkünden, wie gut er es doch mit ihm meine.

Das Disziplinarverfahren als arbeitsrechtliche Maßnahme fand schon nach wenigen Tagen statt. Die Suspendierung wurde zurückgenommen, wenn ich auch in den nächsten Wochen keine Hauptabenddienste sprechen durfte. Dafür wurde eine dreimonatige Fernsehsperre verkündet. Das war insofern erträglich, als ich für August/September sowieso Urlaub eingereicht hatte. Nach dem Urlaub sollte dann das Parteiverfahren stattfinden. Es zog sich über Wochen hin.

In beiden Verfahren wurde mir vorgeworfen: »ein unwürdiges Verhalten gegenüber den Maßnahmen unserer Regierung am 13. August 1961, indem er bestimmte notwendige Schutzmaßnahmen im Hause diffamierte«.

Es gab, um das noch am Rande zu bemerken, die Regelung im Arbeitsgesetzbuch, daß nach Ablauf der Disziplinarmaßnahme, das war in der Regel nach einem Jahr, auch der Vermerk in der Personalakte zu tilgen ist. Ich habe 1990 sowohl diesen Vermerk als auch den von 1976 über die Alkoholeskapade in meiner Kaderakte wiedergefunden. Später dann auch noch in meiner Stasiakte mit völlig abstrusen Informationen von Informellen und Gesellschaftlichen Mitarbeitern des MfS.

Alles wird anders

Nach dem 13. August 1961 wird alles anders. Die Ungezwungenheit weicht verstärkt einer bedingungslosen Anpassung. Konnte man vorher, wenn man die Faxen dicke hatte, noch den Weg nach Westberlin wählen, bleibt jetzt nur noch der Gehorsam, wenn man seinen Beruf weiterhin ausüben wollte. Hätte ich damals geahnt, wie eng meine Überwachung war – von der ich allerdings nichts bemerkt habe! –, ich wäre in vielen Dingen vorsichtiger gewesen. So glaubte ich wenigstens, und das war für meine relative Ungezwungenheit und Offenheit von Vorteil, daß ich in Ruhe meine Arbeit machen könne.

Das Disziplinarverfahren verhinderte zusätzlich 1962 meinen Wechsel zum Fernsehen. Ich mußte mich ja ein Jahr bewähren. Außerdem sollte ich in dieser Zeit einen Nachwuchssprecher »sendereif« machen.

Im Zuge der Aussprachen zum Vorfall am 14. August war bemängelt worden, daß ich zu wenig gesellschaftliche Arbeit machen würde. Damit ich nicht immer meine Wochenendarbeit beim Sport vorschieben konnte, wurde ich nicht mehr als ständiger Sportsprecher eingesetzt, sondern nur noch alternierend mit anderen Kollegen.

Dafür war die Fernseh-Sportredaktion auf mich aufmerksam geworden. So oft es dienstlich möglich war und es die Nebenbeschäftigung bei der »Aktuellen Kamera« zuließ, arbeitete ich für den Sport. Das waren keine riesigen Moderationen, wie wir sie in späteren »Sportstudios« betrieben. Eigentlich war es wie in den Nachrichtensendungen, nur eben mit einem Wechsel zwischen Sportnachrichten, Interviews und Live-Gesprächen, Sportberichten und Reportagen.

Was mit dem Jahreswechsel 1962 noch nicht möglich war, sollte nun endlich 1963 wahr werden. Mit aller Kraft betrieb ich meinen Wechsel zum Fernsehen. Doch mein Haussender wollte sich partout nicht damit abfinden. Eigentlich hätte ich geschmeichelt sein können, wie anhänglich er war.

Die Querelen gingen soweit, daß der oberste Chef des Rundfunks, Professor Gerhart Eisler, um Schlichtung und Entscheidung gebeten werden mußte.

Jetzt fuhr der Intendant des »Deutschlandsenders« schweres Geschütz auf. Von politischer Unzuverlässigkeit war da die Rede, die mich für die Arbeit bei der »Aktuellen Kamera« als nicht geeignet erscheinen ließe, auf der anderen Seite wiederum führte der Senderchef meine fachlichen Qualitäten ins Feld, auf die der Sender nicht verzichten könne, besonders in der Nachwuchsarbeit nicht, wo es gute Fortschritte meinerseits gebe.

Eisler entgingen diese Ungereimtheiten und Widersprüche in den Ausführungen des Intendanten nicht. Ich durfte ebenfalls meine Sicht der Dinge vortragen, und danach gab der »Professor«, wie er allgemein von den Mitarbeitern hochachtungsvoll genannt wurde, seine Erklärung, die sich aus meiner Sicht zu einem argen Rüffel für meinen Chef gestaltete.

Wenn er mir politische Unzuverlässigkeit vorwerfe, dann könne das doch wohl nur an der mangelnden Einflußnahme der Genossen des Senders liegen, meinte Eisler, dann hätten sie versagt. Das läge schließlich alles im Verantwortungsbereich des Intendanten usw. usf. Den Schlußpunkt setzte er in seinen Ausführungen damit, daß er festlegte, daß ich ab Januar 1963 einen

Anstellungsvertrag mit dem Deutschen Fernsehfunk schließen könne.

Das hat mir der Intendant lange nicht verziehen. Erst Jahre später, als das »Sonntagsgespräch des Deutschlandsenders« unter Leitung von Gerhart Eisler vom Fernsehen übernommen wurde und ich gelegentlich die

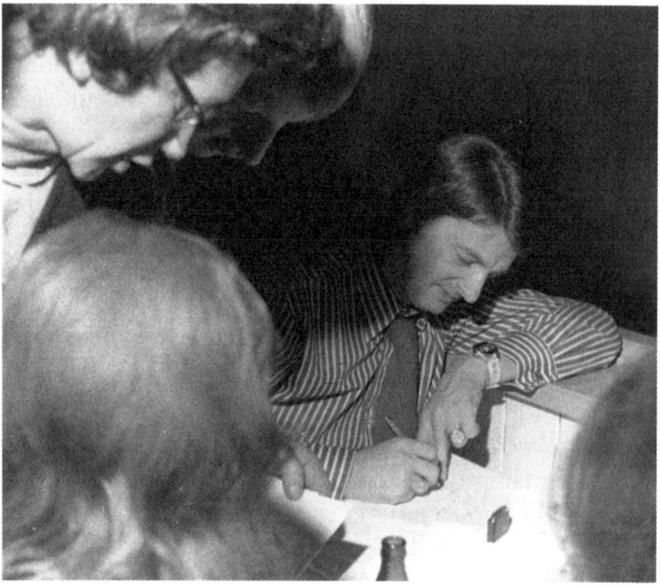

Autogramme sind gefragt, 1973

Ansagen machen mußte, kam es zu einer »Versöhnung«. Es sei wohl doch die richtige Entscheidung von mir gewesen, zum Fernsehen zu wechseln, meinte mein ehemaliger Chef.

Eisler war, damals übrigens noch Chef von Rundfunk und Fernsehen, besonders unter jungen Mitarbeitern sehr beliebt, obwohl nicht alle immer mit seiner politischen Meinung übereinstimmten. Besonders jenen, denen schon damals der Großmachtdünkel der

USA nicht geheuer war, nötigte Eislers Vergangenheit Respekt ab. Er, der Bruder des Komponisten der DDR-Nationalhymne, Hanns Eisler und Ehemann der legendären Herausgeberin des »Magazins«, Hilde Eisler, lebte während der Emigration in den USA und arbeitete dort bis 1949 als Redakteur für kommunistische Zeitungen. Die Hexenjagd auf Kommunisten, die in den Jahren 1952/54 in den Verfolgungen von Linken durch den Senator McCarthy gipfelten, veranlaßten Eisler in die DDR zu kommen.

Eine besondere sprachliche Eigenart von ihm war, daß er, obwohl er der englischen Sprache mächtig war, amerikanische Politiker deutsch aussprach, so, wie sie geschrieben wurden. So hieß US-Außenminister Dalles (ich habe das schon in phonetische Umschrift gesetzt) bei ihm Dulles. »Woschingten« war Waschington, und bei »Eisenhauer« war »Eisenhower« zu vernehmen. Das alles war in seinen Kommentaren vermischt mit einem leicht österreichischem Dialekt, den er als gebürtiger Leipziger, der allerdings bis zu seiner Emigration 1933 in Österreich gelebt und gearbeitet hatte, sprach.

Eisler hatte ein Herz und einen Nerv für die Jugend. Er sorgte dafür, daß dem Rundfunknachwuchs die größtmögliche Unterstützung zuteil wurde. Das brachte ihm bei den Älteren und einigen Leitern nicht immer Sympathien ein.

Das Gelände des Rundfunks liegt direkt an der Spree. Im Sommer wären wir in unserer freien Zeit gern ein bißchen auf dem Fluß gerudert. Es gab aber keine Ruderboote. Außerdem lockte die kleine Insel in Ufernähe. Die zu betreten war aber untersagt. »Liebesinsel« wurde sie insgeheim genannt, wohl deshalb, weil trotz Verbots und fehlender Kähne doch einige, möglicherweise auch schwimmend, den Weg dahin gefunden hatten ...

»Keine Boote« muß ich korrigieren. Ein Boot war am Ufer festgemacht, leicht zu lösen, damit es schnell für

Rettungsaktionen zum Einsatz kommen konnte. Der Kahn war im Besitz der betriebseigenen Feuerwehr. Daß wir alle jung waren, hatte ich schon erwähnt. Daß die Jugend auch mal über die Stränge schlägt, kann ich heute, wie viele meiner Altersgenossen, überhaupt nicht begreifen, denn »so etwas hat es in unserer Jugend nicht gegeben«!

Uns war nach Rudern, wir waren fünf Mann. Nanu, der Kahn ließ sich aber wirklich leicht aus der Verriegelung lösen. Plötzlich befanden wir uns in der Flußmitte und mußten darauf achten, nicht mit den vorbeischippernden Lastkähnen zu kollidieren. Am Rundfunk-Ufer standen inzwischen wildgestikulierende und rufende Menschen. Als wir näher kamen, erkannten wir den Sicherheitsbeauftragten des Hauses. Wir vernahmen auch, wie er uns zurief: »Jugendfreunde, kommt sofort zurück!« Es muß an der Strömung gelegen haben, daß wir dem Befehl nicht sofort Folge leisten konnten! Als uns klar wurde, daß die wütende »Sicherheitsnadel«, die am gegenüberliegenden Ufer in Baumschulenweg stationierte Wasserschutzpolizei alarmieren würde, legten wir lieber am Ufer an, denn das hätte für uns teuer werden können. »Das hat ein Nachspiel«, drohte der von uns Gefoppte. Über unsere unmittelbaren Vorgesetzten erhielten wir eine Ladung zum Vorsitzenden, zu Eisler. Der Sicherheitsbeauftragte hatte eine Beschwerde losgelassen, die sich gewaschen hatte. Eisler wollte aber immer beide Seiten hören, bevor er sein Urteil fällte.

Unser »Professor« konnte verstehen, daß der Feuerwehrkahn immer zur Verfügung stehen müsse, falls etwas passiere. Das tat er aber nicht zu dem Zeitpunkt, als wir auf der Spree ruderten. Andererseits müsse man doch aber auch begreifen, daß die Jugendfreunde in der Mittagspause oder wann auch immer mal ihren Spaß haben möchten, meinte Eisler. Er trug das so eindringlich vor, daß sich eigentlich alle schämten, nicht von allein auf diesen Gedanken gekommen zu sein. Und so lautete der Beschluß: es müssen noch zwei Kähne für die Jugend angeschafft werden.

Damit war die Sitzung beendet, wir aber noch nicht entlassen. Nachdem er den Sicherheitschef und unsere Vorgesetzten mit seinem üblichen Ankunfts- und Abschiedsgruß »meine Hochachtung« entlassen hatte, gebot er uns, wieder Platz zu nehmen. Jetzt begann das Strafgericht.

Ob wir denn von allen guten Geistern verlassen wären, ob wir so wenig Vertrauen in ihn hätten, ihm unsere Wünsche zu offenbaren, schließlich sei er oft genug bei unseren Jugendabenden, und auch bei Tische hätten wir ihn doch ansprechen können. Eisler faltete uns regelrecht zusammen.

Warum hatte er das nicht vor den eben noch versammelten Anklägern getan?

Ja, so war er eben. Auf seine Jugendlichen ließ er nichts kommen.

Ich darf zum Fernsehen!

Mein Wechsel zum Fernsehen ist für mich im Grunde genommen nur ein Verwaltungsakt. Zu Hause bin ich hier schon lange. Mit Hans-Dieter Lange sind wir zunächst zwei festangestellte Sprecher. Gelegentlich werden Kollegen des Rundfunks als freie Mitarbeiter beschäftigt.

Am 8. März 1963 eine kleine Sensation. Mit Annerose Neumann verliest zum ersten Mal eine Frau die Nachrichten der »Aktuellen Kamera«. Eine Nachrichtensprecherin, das ist einmalig für ganz Deutschland.

Gelegentlich ist heute noch zu hören, daß die wesentlich später beim ZDF eingesetzte Wiebke Bruns die erste Nachrichtensprecherin Deutschlands war. Nun mal langsam, nur Westdeutschlands, meine Damen und Herren.

Dieses ständige Reduzieren des Geschehens auf das ehemalige Westdeutschland mit gelegentlicher Erwähnung ähnlicher Abläufe im Osten, gewissermaßen als Feigenblatt, erneuert die alten Sympathien der Zuschauer für »ihre« Oststars. Mit Ostalgie hat das überhaupt nichts zu tun. Die Beziehung zwischen Ostkünstlern und Zuschauern ist die gemeinsam erlebte Geschichte, und die ist vielschichtiger, als es mancher sich besonders kritisch wähnende Zeitgenosse wahrhaben will.

Möglicherweise habe ich gerade Nachrichten gesprochen, als sich jemand seinen ersten Fernseher gekauft hat, und als er ihn einschaltete, war ich der erste Fern-

Vor dem Adlershofer Sendezentrum

sehmann, den er zu Gesicht bekam. Es hätte auch das Sandmännchen oder Schnitzler sein können, das spielt dabei überhaupt keine Rolle, eine Beziehung hat sich in dem Moment hergestellt, die von bleibender Erinnerung ist.

Es war 1961 noch ein großes Ereignis, wenn sich die Familie einen Fernsehapparat kaufte, zumal der eine nicht unbeträchtliche Lücke in der Sparbuchsumme hinterließ. Dann das Aufstellen des Gerätes. Gemeinschaftsantennen in den großen Wohnhäusern gab es

Mit Ingeborg und Heinz Fülfe (Tadeus Punkt), den »Eltern« von Flax und Krümel

fast gar nicht. Und wenn, war die Antenne nicht so ausgerichtet, daß man auch »Westen« empfangen konnte. Also mußte eine weitere Antenne installiert werden, die aber nicht unbedingt die Blickrichtung des Fernsehbesitzers verraten sollte. Abenteuerliche Konstruktionen kamen zustande, Antennenkabel wurden über Gardinenstangen geführt, auf den Dächern wimmelte es von Antennen, mancher Mieter beschuldigte einen anderen, daß dessen Antenne seinen Empfang störe und ähnliches mehr. Mindestens zwei Leute waren für die Installation einer Antenne notwendig. Einer, der die Antenne in verschiedene Richtungen bewegte, und einer, der vom Fernseher aus dem Antennendreher die Befehle gab: »Nee, noch nischt. – jaaha – weiter – halt – warte mal – noch ein bißchen – nee – andere Seite ...« So ging das oft stundenlang. War dann ein vernünftiges Bild hergestellt, schaute man gemeinsam in die Röhre und freute sich über denjenigen, der einem gerade ein schönes Fernseherlebnis bescherte. An diese erste Beziehung erinnert man sich ein Leben lang.

Weiterhin darf nicht vergessen werden, daß die Künstler nicht nur über das Fernsehen bekannt waren. Ständig fanden überall im Lande Veranstaltungen statt, auf denen die aus dem Fernsehen bekannten Gesichter zu sehen waren. Das mag sich in Westdeutschland ähnlich abgespielt haben. Der Unterschied zum Osten besteht aber darin, daß die Weststars dieser Generation nicht schon 1990, sondern jetzt erst aus Altersgründen und mit ungeheuerem Gedöns vom Bildschirm verschwinden. Natürlich hat sich nach der politischen Wende der einstige DDR-Bürger westdeutschen Künstlern zugewandt. Auch auf diesem Gebiet gab es einen Nachholbedarf. Was vereinzelt im »Kessel Buntes« zu sehen gewesen war, tummelte sich nun auf allen Fernsehkanälen und auf allen Bühnen. Als der Bedarf gedeckt war, hätte ein künstlerischer Wettbewerb stattfinden können zwischen Ost und West, vielfältiger als es zwischen Tatorten und Klinikserien geschieht. Nun mag der Zuschauer auf den einen oder anderen Künstler aus dem Osten vielleicht noch verzichten können, daß aber seine Geschichte, sein Leben in Rückbetrachtungen nicht erwähnt wird, ist für ihn nicht so leicht zu verkraften. So feiert gewissermaßen die alte Hallsteindoktrin fröhliche Urständ, die davon ausging, daß nur die BRD alle Deutschen vertreten dürfe und die diplomatischen Beziehungen mit jenen Ländern abgebrochen werden müßten, die die DDR anerkannten. In diesem

Geiste sind Generationen in Westdeutschland aufgewachsen und erzogen worden. Und so summieren sich heute die vielen Kleinigkeiten des Alleinvertretungsanspruches zu dem Endergebnis der Mißachtung von Menschen und ihren Leistungen. Was nicht im Westen stattgefunden hat, hat nicht stattgefunden.

Zurück zum März 1963. Für uns ist Annerose nicht nur personell eine Bereicherung. Durch ihre optische Erscheinung greift sie ein in den Kampf um die Gunst der Zuschauer beim Titelrennen »Fernsehliebling«.

Am 10. November 1962 hatte die »Berliner Zeitung« erstmals ihre Leser nach den Fernsehlieblingen des Jahres befragt. Gekürt wurden Rolf Herricht, Willi Schwabe, Heinz Quermann, Margot Ebert, Heinz Florian Oertel, Eberhard Cohrs, Inge Keller – und das Sandmännchen. Wobei die Nachrichten oder andere politischen Sendungen keine Chance hatten gegen die geballte Macht der Ansagerinnen, eine schöner als die andere, der Unterhaltung oder der hoch im Kurs stehenden Sportreporter. Später wurde die Wahl gemeinsam von der »Berliner Zeitung«, der Fernsehzeitschrift »FF-dabei« und dem »Deutschen Fernsehfunk« veranstaltet, und es wurden die Rubriken verändert, so daß die Zuschauer auch »ihre Stars« aus den Politik- und Wissenschaftssendungen wählen konnten.

Durch den veränderten Modus kam ich 1965 erstmals zu der Ehre, »Fernsehliebling« zu werden. Diese Auszeichnung betrachteten alle, die gewählt worden waren, aber auch die, die das Siegertreppchen nicht erklommen hatten, als große Ehre. Die Ausrichter von damals sprechen noch heute von der einzigen korrekten Wahl in der DDR. Ich möchte es gern 13 Mal zu meinen Gunsten annehmen.

Gerade weil das so war, sind viele verwundert, warum dann ausgerechnet der allgemein nicht gerade beliebte Karl-Eduard von Schnitzler mehrfach unter den gekürten Fernsehmitarbeitern war. Die Antwort ist einfach. Neben der Wahl konnte der Zuschauer noch tippen, wer denn die »Fernsehlieblinge« sein würden, und hatte bei richtiger Lösung einen kleinen Gewinn zu erwarten. Und diese Aussicht veranlaßte die Zuschauer, Mehrfachnennungen abzugeben mit verschiedenen Ranglisten. Ganze Familien tippten und erhofften sich einen Gewinn.

Als das Fernsehen langsam in die Jahre gekommen war und die Schauplätze des Geschehens nicht mehr nur die Studios in Adlershof waren, sondern sich vieles außerhalb des Fernsehgeländes abspielte, waren die Treffen der »Fernsehlieblinge« eine wunderbare Gelegenheit, Menschen kennenzulernen, denen man sonst vielleicht nie begegnet wäre. So ein wunderbarer Mensch war zum Beispiel der Direktor des Dresdner Zoologischen Gartens, Prof. Dr. Wolfgang Ullrich. Gelegenheiten zu Gesprächen ergaben sich mit der russischen Schauspielerin Larissa Lushina, mit Helmut Sakowsi, Manfred Krug, den ich allerdings schon aus dem »Klub junger Künstler« in der Klosterstraße kannte, wo er gern mal zum Banjo griff, und den vielen, vielen anderen wechselnden Lieblingen der Zuschauer.

Der Ansagebereich war eindeutig die Domäne der Frauen. Die Damen ohne Unterleib, wie sie scherzhaft genannt wurden, da sie ja nur bis zur Hüfte zu sehen waren. Erst Anfang der siebziger Jahre gab es auch regelmäßig männliche Programmansager. Deshalb glich es fast einer Sensation, als ich 1964 eine Abendansage sprach. Das war den Zuschauern zu danken, die mehrmals ans Fernsehen geschrieben hatten, daß der DFF seinen Ansagerinnen am 8. März, dem Internationalen Frauentag, eigentlich einen freien Tag bescheren könne. So geschah es, daß ich am Frauentag den erstaunten Zuschauern um 20.00 Uhr verkündete, daß Margot Ebert, Annemarie Brodhagen, Erika Radtke, Gerlind

Schwestern und Fernsehansagerinnen: Annemarie Brodhagen und Erika Radtke

Ahnert und wie sie alle hießen, heute frei hätten und ich die Ansage übernommen habe. Man kann sich heute gar nicht mehr vorstellen, wie diese Kleinigkeit für Aufsehen in positiver Hinsicht sorgte.

Genau so war es, als ich einmal in unserem Messestudio meiner Kollegin Ingeborg Chrobok am 8. März live im Studio Blumen überreichte. Solche kleinen Freundlichkeiten und Gesten mochten die Zuschauer. Und wir haben uns damals auch noch Zeit für diese Dinge genommen. Das Fernsehen hatte noch menschliche Züge.

Es war auch selbstverständlich, daß Pannen, gegen die kein Fernsehsender der Welt gefeit ist, schnell durch eine Ansagerin entschuldigt wurden. Ihr freundliches, um Verzeihung bittendes Lächeln konnte schon einiges vergessen machen. Da aber gerade diese feminine

Studio V, mit Ingeborg Chrobok

Freundlichkeit einigen »Verantwortlichen« oder »Zuständigen« für bestimmte Ansagen ungeeignet erschien, war es nur eine Frage der Zeit, bis männliche Ansager um 20 Uhr im Wechsel mit den Damen den Bildschirm bevölkerten. Aber nicht nur optisch trat eine Veränderung ein. Immer mehr wurde es zur Fernsehpraxis, daß die Programmverkünder ihre Ansagen selber schrieben, um von den stereotypen Floskeln »Sie sehen und Sie sahen« wegzukommen. Die waren in der »Fernseheule«, einer immer wiederkehrenden Rubrik in der Zeitschrift »Eulenspiegel«, von Hansgeorg Stengel einmal gewaltig auf die satirische Schippe genommen worden mit der Schlußfolgerung, daß es auch einmal ein Mann sein könne, der das Programm ansage, und wenn es ein Feldmann wäre.

Meine schwierigste Programmansage hatte ich im

März 1965 für die mehrteilige Verfilmung des gesellschafts-kritischen Romans von Hans Fallada »Wolf unter Wölfen«. Vor jeder neuen der vier Folgen mußte ich eine Zusammenfassung des bisherigen Geschehens geben. Live, keine Aufzeichnung. Von Folge zu Folge wurde es immer mehr Text, kein Gedanke damals an Lesegeräte. Bilder, als Ergänzung zum Text, standen nicht zur Verfügung. Die Ansage mußte »pur« gesprochen werden. Die Ausstrahlung der Falladaverfilmung im Fernsehen wurde schon Tage vorher in der Presse zum Höhepunkt hochgespielt. Man roch förmlich die kommenden Nationalpreise.

Ich bin eigentlich ein schlechter Auswendiglerner, kann Texte nicht über Tage im Kopf behalten. Es hat also keinen Sinn, schon Tage vorher zu bimsen. Ich kann wohl den Textinhalt wiedergeben, den Wortlaut der Ansagen lerne ich erst zwei Stunden vorher. Dann sitzt er aber auch. Danach vergesse ich ihn gleich wieder. Jede Ansage gelingt. Ach ja, das hätte ich beinahe vergessen zu sagen, auch die Ansagen für die Wiederholungen im Vormittagsprogramm des nächsten Tages werden live gesprochen. »Wolf unter Wölfen« wird ein Riesenerfolg. Ich bin eingeladen zu einer kleinen Zusammenkunft mit den Filmemachern und werde von ihnen behandelt wie einer der Hauptdarsteller. Wer will es mir verdenken, daß beinahe ein Hemdknopf abgeplatzt wäre wegen der geschwollenen Brust?

Immer wieder taucht in den Erzählungen aus meinen Anfangsjahren im Fernsehen der Begriff »live« auf. Das heißt, es gab so gut wie keine Aufzeichnungen. Das bedeutete gleichzeitig einen enormen Zeitaufwand, den Stell-, Beleuchtungs- und Textproben mit sich brachten. Umfangreiche Fernsehspiele wurden nach dieser Fernseh-Topografie gesendet, in kleinen Studios, in denen die Schauspieler mitunter nur unter der Kamera hinwegkriechend an ihre Auftrittsorte gelangten.

In der »Aktuellen Kamera« kamen bei den Wortnachrichten immer mehr Bildelemente zum Einsatz. Das erste, was ich kennenlernte, war »Aufpro«. Wie bei einem normalen Dia-Geber wurden auch hier Bilder zu Nachrichten auf eine Wand geworfen, vor der der Sprecher saß. Der Doppel-Dia-Geber stand unmittelbar neben der Kamera und wurde vom Aufnahmeleiter manuell bedient. Wurde ein Bild benötigt, machte es entweder »klack« nach links oder »klack« nach rechts. Während die Nachricht gesprochen wurde, bestückte der Aufnahmeleiter den Dia-Geber entsprechend der angeordneten Reihenfolge. Da der Abstand zum Sprechertisch etwa drei Meter betrug, war diese Tätigkeit nicht zu verheimlichen. Das übelste an diesem Aufproverfahren aber war, daß die Lampe des Projektors so grell war, daß auch nur ein kurzer Blick in den Lichtstrahl dazu geführt hätte, die Augen so zu blenden, daß kein Text mehr zu erkennen gewesen wäre.

Es dauerte nicht lange, da zog der technische Fortschritt in unser Studio ein. Wir wechselten vom »Aufpro« zum »Rückpro«. Auch der fernsehtechnisch nicht so bewanderte Leser kann hier aus der Semantik des Wortes erkennen, daß etwas im Rücken stattfinden muß.

Der Projektor stand nun in einem Raum hinter dem Sprecher, vergleichbar mit dem Filmvorführraum in alten Kinos. Das Bild wurde vom Projektor auf einen Rahmen mit Transparentpapier geworfen, der zirka 60–70 cm hinter dem Sprecher stand. Damit gab es eine verbesserte Möglichkeit, Bild und Sprecher zusammen bei den Nachrichten sichtbar zu machen.

Für die Dia-Wiedergabe war eine enorm große Beleuchtungsstärke notwendig. Ich kann heute nicht mehr sagen, mit wieviel Lux das berechnet wurde. Jedenfalls entwickelte sich dadurch auch eine große Hitze.

Es war die Zeit, da ein Blumenliebhaber Chef der Nachrichtenredaktion gewesen sein muß. Jedenfalls

Mit Günter Herlt, Kommentator und Reporter der »AK«, 1969

schließe ich das daraus, daß er die Vorliebe für das Gartengewächs »Je länger je lieber« auf die Nachrichten übertragen hatte. Es gab Meldungen, die lagen in ihrer Länge nicht unter vier Minuten. Zugaben waren immer möglich. Die Vorliebe für lange Nachrichten vertrug sich aber nicht mit der technisch bedingten Hitze, die die Diapositive auszuhalten hatten. Und so zerfloß so manches Bild während der Nachricht hinter dem Sprecher. Einmal löste sich auf einer DDR-Karte das eingezeichnete Gebiet der Hauptstadt der DDR in Wohlgefallen auf, so wie die brennende Fackel in der Landkarte bei einer Western-Fernsehserie. Meistens verklemmte sich das ramponierte Dia auch noch im Projektor, so daß weitere Bilder nicht mehr gesendet werden konnten. Während ein Film lief, wurde dann schnell die bereitstehende Hintergrundwand mit dem »AK«-Signet vor das Transparentpapier gestellt.

Eines Abends war es auch der Hitze zu verdanken, daß keine Bilder während der Nachrichten gesendet werden konnten, allerdings der Hitze des Gefechts.

Wir hatten die Durchlaufprobe um 18 Uhr spät begonnen und kamen bis 19.30 Uhr in Zeitnot. Ich sollte schnell mit den Texten vom Studio in die Redaktion kommen, die zwei Etagen höher lag. Beim Aufstehen muß ich wohl zu heftig den Stuhl weggestoßen haben, der gegen die Transparentwand fiel und die Bespannung total zerriß. Eine zweite Wand gab es nicht, für eine neue Bespannung war die Zeit nicht vorhanden, denn das Papier mußte, damit es keine Falten zog – wir kennen das ja vom Tapezieren – naß aufgespannt werden und danach natürlich trocknen. Daß ich mir an diesem Abend keine Freunde gemacht habe, läßt sich denken. Denn gerade »heute wäre dieses Foto so wichtig gewesen«, andere natürlich auch. Dafür wurde wieder die Signet-Wand hinter den Sprecher geschoben. Nach all den Vorhaltungen, die man mir gemacht hatte, wurde ich während der Sendung den Gedanken nicht los, daß morgen die DDR untergehen würde.

Natürlich verbesserten sich in den Jahren die technischen Möglichkeiten. Im gesamten Fernsehen konnte bald mit den Methoden der »Bluebox« gearbeitet werden. Das heißt, hinter den Akteuren befindet sich eine blaue Bespannung, auf die über die Regie Bildelemente gelegt werden können. Allerdings durfte der Sprecher keinerlei Kleidungsstücke in einem bestimmten blauen Farbton tragen. Vereinfacht gesagt, wurde nämlich die Farbe blau in der Kamera abgeschaltet und konnte diesen Farbton auf den Gegenständen nicht mehr erfassen. Trug man also ein blaues Hemd, schwebte der Kopf im leeren Raum, weil der restliche Körper nicht sichtbar gemacht werden konnte. Diese Technik ermöglichte wiederum neue Gestaltungseffekte. Wenn ein Moderator im Studio auf einem Pferd sitzen sollte, mußte er nur breitbeinig auf einen blauen Hocker gesetzt werden. Für die Kamera saß er somit in einem luftleeren Raum. Nun mußte ihm am Trickmischpult nur noch ein echtes Pferd unter den Hintern geschoben werden, und fertig war der perfekte, moderierende Reiter.

Wenn man bedenkt, wie eng in Nachrichtensendungen Freud und Leid beieinanderliegen, müssen Nachrichtensprecher und Sprecherinnen schon hartgesotten sein, keine Sensibelchen, die sich von den Gefühlen, die Nachrichten auslösen können, umhauen lassen.

Im Jahre 1967 gab es für mich jedoch eine Situation, in der mir jeder Satz, jedes einzelne Wort schwerfielen. Nur mühsam konnte ich mich während eingeblendeter Filmbilder wieder beruhigen, während mein Partner im Studio, an diesem Tag Heinz Grothe, ebenfalls mit den Gefühlen kämpfte. Zum ersten Mal mußten wir über eine größere Katastrophe berichten.

Auf einem Bahnübergang bei Langenweddingen an der Strecke Magdeburg–Halberstadt war es am 26. Juli zu einem Zusammenprall zwischen einem Personenzug und einem Tanklastwagen gekommen. Bei dem Unglück gab es 77 Tote, von denen die meisten Kinder waren, auf dem Weg in ein Ferienlager. Ich kannte Bilder aus dem Krieg. Aber das hatte ich noch nicht gesehen. Bis zur Unkenntlichkeit verbrannte Kinder, die fröhlich in die Ferien fuhren, als sie von der brennenden Flüssigkeit überschwemmt wurden. Ich mußte an meine beiden Töchter zu Hause denken, acht und drei Jahre alt.

Ich habe noch oft von Unglücken berichten müssen, die ebenfalls schrecklich waren, wie die Flugzeugabstürze der »Interflug« bei Königs Wusterhausen 1972 mit 148 Toten oder einer TU 134 der »Aeroflot« bei Bohnsdorf im Dezember 1986 mit 79 Toten. Langenweddingen jedoch war für mich, als hätte ich selbst ein Kind verloren. Da beim Zuschauer jenseits des Bildschirms die Emotionen ähnlich waren, brauchten wir uns der Gefühlsaufwallungen nicht zu schämen.

Leider sind es sehr oft nur die traurigen Nachrichten und Berichte, bei denen sich Übereinstimmungen zwischen Berichterstatter und Zuschauer oder Hörer herstellen. Wenigstens für einige Zeit. Täglich werden wir mit Krieg, Gewalt und Katastrophen beliefert und sind durch das Medium Fernsehen den Ereignissen einerseits sehr nahe, andererseits entsteht durch die Häufigkeit der Geschehnisse immer mehr Distanz. Die Alltäglichkeit stumpft ab. Der Zuschauer weint eher bei Telenovelas als bei Unglücksnachrichten mit Hunderten von Toten.

Der Nachrichtensprecher selbst hat kaum Zeit, die einzelnen Ereignisse zu Ende zu denken. Kaum hat er sich mit dem einen Fakt vertraut gemacht, wirft ein anderes Ereignis seine Gedanken wieder in die Ecke. Er muß sich um die Aussprache der Namen von Personen und Städten kümmern, viel Zeit zur Meinungsbildung bleibt ihm nicht. Er ist eingebunden in Hektik und Betriebsamkeit. Aber er muß sich noch seine Ruhe und Gelassenheit bewahren für die Zeit, da ein Teil der Mannschaft sich schon zurücklehnen kann, er dann aber im Studio allein auf sich gestellt ist, ein Einzelkämpfer für das Gelingen eines Gemeinschaftswerkes.

Mit Erika Radtke

Die Nachrichtensprecherei ist eine ernste Angelegenheit und gibt, wie beschrieben, meistens nur dann Gelegenheit zum Schmunzeln und zur Heiterkeit, wenn der Sprecher selbst durch einen Lapsus dafür sorgt. Völlig zu Unrecht geht ihm der Ruf voraus, überaus seriös und dabei auch noch humorlos zu sein. Erst seit der Zeit, da auch Sprecher, Moderatoren und Journalisten aktuell-politischer Sendungen in andere Sendungen eingeladen werden, veränderte sich die Meinung über sie.

Ein Stückchen Erinnerung pur

Wenn man es richtig betrachtet, war die »Aktuelle« eine zusammengewürfelte Truppe, wie überall verschiedene Charaktere, ernste, nette Frohnaturen, die einem manchmal mit ihrer Fröhlichkeit auch den Nerv rauben konnten. Und es gab ausgesprochene Typen. Da waren zum Beispiel Eddi und Ferdl. Zwei hochintelligente Journalisten mit einer Vergangenheit als Emigranten während der Nazizeit, Ferdl sogar mit einem zweiten Elternhaus bei jugoslawischen Partisanen.

Beim Sprechen übertrafen sie sich gegenseitig in der Pflege eines pseudo-österreichischen Dialekts, und Ferdl hatte beinahe die Genies nachgesagte Schlampigkeit. Wenn beide zusammen Schicht hatten, Ferdl als Nachrichtenredakteur und Eddi als Chef vom Dienst, wäre kein Mensch auf die Idee gekommen, daß in einer aktuellen Redaktion jemals so etwas wie Hektik aufkommen könne. Eddis Zeremonie des Pfeifestopfens dauerte länger als das Redigieren eines Fünf-Minuten-Nachrichtendienstes. Ferdl brachte es fertig, bevor er sich daran machte, einen solchen Dienst zu schreiben, noch schnell ins »Dörfchen« zu gehen – so nannten wir die Einkaufsstraße in Adlershof –, um für den nächsten Tag einzukaufen. »Wann soll i denn sonst einkaufen für mein Vesper«, redete er sich wienerisch heraus.

Es hätte zwar beinahe keine Nachrichtensendung gegeben, aber das störte Ferdl weniger.

Ferdl war auch ein Pferdenarr und fuhr ein Motorradgespann, das im Partisanenkrieg von den Deutschen erbeutet worden sein mußte. Er kam wieder mal im Stallknecht-Outfit, Stiefel und Breeches. »Braucht jemand a Miist«, fragt er in die Runde.

»Ob wir was brauchen?«

»Na, a Miist, Pferdemiist, i hoab ihn untn.«

Tatsächlich. Unten auf dem Parkplatz stand Ferdls Gespann mit einem Beiwagen voll dampfendem Pferdemist!

Es gab mal eine Zeit, da waren Sonntagsdienste ausgesprochene Kaffeekränzchen. Es war richtig gemütlich in der Redaktion. »Ferdl«, meinte Eddi, »machst ahn Tee?«

»Ja, gern. Möcht noch jemand einen. Da nehm i gleich ein großes Kannerl.«

Wir waren noch drei und wollten.

Während Ferdl sich daran machte, Tee zuzubereiten, zuzubereiten, net einfach koachen, klagte uns Eddi sein Leid, daß eine wichtige Meldung, die er erwarte, noch immer nicht da sei. Inzwischen war der Tee fertig, und nur wir drei wollten Zucker dazu. Ferdl und Eddi tranken ihn ohne.

Zucker stehe in seinem Zimmer dort und dort, meinte Ferdl zu einer unserer Regisseurinnen, die sich anbot, ihn zu holen. Als sie damit zurückkam, trug sie ihn auf dem Durchschlag eines Fernschreibens.

»Wahrscheinlich habe ich die wichtigste Nachricht des Tages mißbraucht und entweiht«, lästerte sie.

»Laß schauen«, sagte Eddi, schüttete den Zucker auf ein anderes Blatt Papier und besah sich die Meldung.

»Wo hast denn die her«, fragte Eddi, »dös ist wirklich die Meldung, auf die i den ganzen Tag schon gwartet hoab.«

Evchen hatte die Meldung Ferdls Papierkorb entnommen!

Der Spaßfaktor

Den Anstoß, mich in eine Unterhaltungsveranstaltung außerhalb des Fernsehens einzuladen, gaben ein Programmbearbeiter der Konzert- und Gastspieldirektion Leipzig und ein Spielmeister aus der Messestadt. Zwischen Gesangsdarbietungen, Humor und Artistik sollte ich zu meiner Arbeit befragt werden; in lockerer Form, versteht sich, ließ man mich wissen. Gewissermaßen eine Art Talk in der Show.

Die Besucher der Veranstaltung freuten sich, mich einmal außerhalb des Studios zu erleben, amüsierten sich über die von mir zum besten gegebenen Anekdoten und verabschiedeten mich mit freundlichem Applaus, nachdem ich ihnen gesagt hatte, daß sie mich dann und dann auf dem Bildschirm wiedersehen könnten und ich sie mit einer bestimmten Geste begrüßen würde. (Ich erinnere an Kugelschreiber und Hemdenmanschette.)

Die Resonanz war unglaublich. In zahlreichen Briefen schrieben mir Besucher der Veranstaltung, daß sie nie im Leben geglaubt hätten, daß ich das mit der Geste tatsächlich machen würde. Auch der Veranstalter spürte eine positive Resonanz auf meinen Auftritt, und bald folgten weitere Angebote für »bunte Programme«. Mit der Zeit veränderte sich die Art meiner Mitwirkung. Ich wurde als Überraschungsgast in die Programme eingebaut. Da es sich hierbei oft um Betriebsveranstaltungen handelte, hatten die mitunter ihre eigenen Vorstellungen

Mit Heinz Quermann beim Plauener Spitzenfest, 1979

von meinem Programmanteil. Vielfach wurde der Wunsch geäußert, daß ich meinen Auftritt mit Nachrichten über den Betrieb beginnen möchte. Dazu erhielt ich dann entsprechendes Material, aus dem ich ernste und vor allem heitere Nachrichten verfaßte. Handwerker des Betriebes fertigten heimlich einen riesigen Fernsehapparat, aus dem heraus ich die gewünschten Nachrichten lesen sollte. Angekündigt wurde ich durch einen Conférencier, der vor geschlossenem Bühnenvorhang die Zuschauer unterhielt, während mein Fernseher mit Tisch unbemerkt aufgebaut wurde. Auf ein Stichwort des Ansagers öffnete sich der Vorhang, und die Erkennungsmelodie der »Aktuellen Kamera« war zu hören. Lachen und Raunen im Saal. Volles Bühnenlicht, Überraschung und Erstaunen beim Publikum, dann kam der Beifall. Die satirischen Nachrichten aus dem jeweiligen Betrieb und auch immer das anschließende Gespräch mit dem Programmansager oder der -ansagerin trugen dazu bei, daß das Image der Unnahbarkeit der Nachrichtensprecher verschwand. Und man sollte niemals die von Mund-zu-Mund-Propaganda unterschätzen. Sie tat ihr übriges, um den Leuten klar werden zu lassen, daß die im Fernsehen auch nicht alles immer so bierernst sahen. »Bist 'n prima Kerl«, sagte mal einer zu mir, »aber, du gloobst doch ooch nich alles, was du da erzählst?« Das waren dann immer unangenehme Situationen. Einerseits konnte ich ja nicht zu demjenigen sagen, daß er Recht habe, andererseits kam es mir natürlich auch nicht in den Sinn, mir eine solche Unterstellung zu verbitten. Am besten war es, ich überhörte die Anspielung einfach.

Die Fernsehchefs sahen diese Abstecher in die Unterhaltungsbranche mit gemischten Gefühlen. Einerseits sorgten die Auftritte dafür, daß die Zuschauerquote stieg, andererseits war zu befürchten, daß die Zuschauer die Nachrichten im Fernsehen nicht mehr ernst nehmen würden. Denn ihre Späher hatten ihnen berichtet, daß der Feldmann auf die Frage, wie das denn so sei mit den Versprechern, zur Antwort gäbe, im Fernsehen werde viel versprochen. Wenn wir an die Stelle des Interviews kamen, an der von der Tätigkeit sowohl im Rundfunk als auch im Fernsehen die Rede war und der Conférencier fragte, was denn der Unterschied zwischen diesen beiden Medien sei, vernahm der Zuschauer, daß Rundfunk zu einem Ohr hinein, und zum anderen wieder hinausgehe, Fernsehen aber ins Auge ginge.

Jeder öffentliche Auftritt dieser Art war, laut Vertrag, genehmigungspflichtig. Obwohl sich die Begeisterung bei meinen Chefs in Grenzen hielt, wurde nie einer untersagt, soweit nicht dienstliche Belange beeinflußt wurden. Das heißt, mußte ein Dienst außer der Reihe wahrgenommen werden, hatte die »Mugge« zurückzustehen.

Dresdner Freilichtbühne mit Ulli Busch

Mit Annemarie Brodhagen bei einer Veranstaltung im Berliner Verlag

Ich gehe jetzt regelmäßig »fremd«. Die Bühnen bei Heimat- und Volksfesten, Betriebsjubiläen, bei den zahlreichen Feiertagen von Berufsgruppen und bei den Pressefesten der Bezirkszeitungen werden mein zweites Zuhause. Auch mancher, der bislang die »Aktuelle Kamera« gemieden hat, kennt mich jetzt. Nachdem ich 1981 zum wiederholten Male zum Fernsehliebling gewählt worden war, schrieb der Westberliner »Tagesspiegel«: »Humor gehört dazu, wenn einer Fernsehliebling werden will, das war offensichtlich. Als Nachrichtensprecher hätte es Klaus Feldmann wohl kaum geschafft, aber er überzeugte immer wieder bei Pressefesten als Unterhaltungskünstler.«

Zum Bereich der Fernsehunterhaltung gehörten nicht nur die großen Unterhaltungsabende wie »Ein Kessel

Buntes«, sondern viele, viele kleine Formate. Eines davon war die Ziehung der Lottozahlen von Tele-Lotto »5 aus 35«.

Fernsehkonsumenten, die diese Sendung nicht kennen, werden einwenden, daß die Ziehung der Lottozahlen nur mit Zudrücken beider Augen und ein bißchen Zwinkern der Fernsehunterhaltung zugerechnet werden kann. Nun, das war ja gerade das Neuland, das mit »Telelotto« betreten wurde: Durch die Sendung führte ein Moderator, der gleichzeitig den sich drehenden Apparat in Gang setzte, mit dem eine Kugel auf 35 Kegel traf. Der umgefallene Kegel mit der entsprechenden Ziffer war dann die jeweilige Gewinnzahl. Beaufsichtigt wurden die Ziehungen stets von einem männlichen oder weiblichen Ziehungsleiter des Wettspielbetriebes und von einem Notar. Stammpräsentatoren gab es nicht. Jede Woche trat ein anderer Moderator vor die Kamera, der aus der Unterhaltungskunst, von Funk, Film und Fernsehen oder vom Theater bekannt und beliebt war. Jede Ziehung stand unter einem bestimmten Thema. Waren allein schon dadurch die Ziehungen unterhaltsam und mitunter auch lehrreich, bekam die Sendung zusätzliche Spannung und Unterhaltung dadurch, daß den 35 Zahlen Rubriken zugeordnet waren, die verschiedene Genres der Fernsehunterhaltung repräsentierten. Diese fand man auch auf dem Lottoschein vermerkt. Klaus Fischer, langjähriger Redakteur der Sendung, schreibt in seinem Tele-Lotto-Buch mit Blick hinter die Kulissen der Fernsehlegende »Tele-Lotto«, daß ständig mehr als 300 Kurzbeiträge zum Einspielen bereitstanden. Die Ziehung der Lottozahlen »5 aus 35« wurde in kurzer Zeit ein Renner und erhielt von den Zuschauern beste Noten. Dabei kam auch heraus, daß etwa die Hälfte der Zuschauer gar nicht Lotto spielte.

So war »Tele-Lotto« für uns Moderatoren eine gute Gelegenheit, Sympathien bei den Zuschauern zu erwer-

26. JUNI 1974

Fernsehen der DDR

"Aktuelle Kamera"

z.Hd.v.Herrn Feldmann,Klaus

1199 B e r l i n

Adlershof

SKATGERICHT

74 Altenburg

Schloß 2

V/1/6 1169 1200 La G 03/69

SKATGERICHT

SITZ: SKATSTADT ALTENBURG

SEKRETARIAT IM SPIELKARTEN-MUSEUM

Vorsitzender Rudi Gerth, 74 Altenburg, Teichstrasse 19

Altenburg, dem 24.6.1974

Werter Skatfreund Feldmann!

Herzliche Grüße, verbunden mit einem großen Dankeschön für Jhren ausgezeichneten Vortrag über die Entwicklung des Skatspiels bei der Ziehung der Gewinnzahlen im Tele-Lotto am 23.6.1974, vom Skatgericht.
Wir bitten Sie diese Zeilen als eine echte Anerkennung zu betrachten.
Weiterhin

"Gut Blatt"

SKATGERICHT ALTENBURG

(Gerth)
Vorsitzender

DIREKTORAT FÜR ERZIEHUNG UND AUSBILDUNG
Gewerkschaftsgruppe 2

TECHNISCHE UNIVERSITÄT DRESDEN

Postanschrift: DDR, 8027 Dresden, Mommsenstraße 13

Fernsehen der DDR

Aktuelle Kamera
z.H. Klaus Feldmann

1199 Berlin

Rudower Chaussee

7 NOV 1973

Ihre Zeichen	Ihre Nachricht vom	Ruf	Unsere Zeichen	DRESDEN
		483		6. 11. 1973

Betreff

Sehr geehrter Herr Feldmann!

Als Sie am Sonntag, dem 21. Oktober 1973, in der Sendung " 5 aus 35 " die Ihnen übertragene Aufgabe des Moderators in angenehmer sicherer und immer wieder freundlicher Weise gestalteten, konnten Sie noch nicht wissen, daß nach dem Feststehen der 5 Zahlen ein Kollektiv von 6 Kollegen unserer Gewerkschaftsgruppe die Glücklichen sein werden, die die wohl nicht ganz unbedeutende Gewinnsumme von 231 000,- M " verkraften " müssen.
Ich möchte Ihnen jetzt nicht von der Aufregung an den folgenden Tagen berichten und von den kleinen Episoden am Rande und " von dem Feldmann" der das gemacht hat " und dem Durchläufer " und alldem, was dieses Ereignis für die Gewinner noch mitsich gebracht hat. Es ist vielmehr unser Anliegen, Sie ganz herzlich zu einer gemütlichen Runde, zu der die Gewinner am 13. November 1973 ab 16.00 Uhr einladen, zu uns hier nach Dresden zu bitten.
Wir sind uns im klaren darüber, daß eine Einladung für Sie, so kurzfristig ausgesprochen, nahezu unannehmbar ist. Es wäre natürlich für uns, ich darf das so uneingeschränkt sagen, eine große Freude, Sie bei uns begrüßen zu können.
Ich möchte zum Schluß noch bemerken, daß die entstehenden Unkosten für Sie nicht zu Unkosten werden würden.
Ich wäre Ihnen dankbar, wenn Sie mich darüber informieren würden, ob wir mit Ihrem Besuch rechnen können.

Mit sozialistischem Gruß

Rockstroh

Dipl.-Lhr. Rockstroh
Vertrauensmann

Benachrichtigungsmöglichkeiten:

Dietmar Rockstroh
8019 Dresden
Erlweinstr. 14

Telefon: 483 3993
oder 483 4203

Sprechzeiten
Dienstag 9 bis 16 Uhr
Freitag 9 bis 13 Uhr

8027 Dresden, Helmholtzstr. 10
Schumannbau, Südflügel

Technische Universität Dresden
IHB Dresden 5161-29-127012 - Psch A 71 56
Fernschreiber 02278

BN

ben. Der Autor des erwähnten Buches gestand mir, daß er mich gar nicht in seinen Annalen vermerkt habe, da er erst seit 1982 hauptsächlich diese Sendung betreute. Aber der langjährige Ziehungsleiter der Wettspielbetriebe, Wolfgang Morgner, hatte akribisch Buch geführt über jede Ziehung und konnte nachweisen, daß Feldmann von 1972 bis 1975 siebenmal bei »Tele-Lotto« eingesetzt war. Und das nicht nur mit Erfolg für meine Person, sondern auch für die Spieler. So schrieb mir eine Tipp-Gemeinschaft von 6 Dresdnern der Technischen Universität, daß ich ihnen einen Gewinn von 231.000 Mark beschert hätte.

In einer anderen Sendung erzählte ich den Zuschauern etwas über die Geschichte des Skatspiels, verpackt in heiteren Anekdoten. Daraufhin erhielt ich einen Brief mit viel Lob und Anerkennung vom Skatgericht in Altenburg.

Manchmal erfüllen sich Kinderträume erst sehr spät, wenn man schon erwachsen ist. Bei welchem Kind weckt der Zirkus keine Sehnsüchte: als Artist am Trapez hoch oben in der Zirkuskuppel durch die Lüfte wirbeln, als Clown die Besucher zum Lachen bringen oder gar als Dompteur wilde Tiere zähmen und dabei die große weite Welt erleben. 1973 konnte ich mir diesen Traum erfüllen, in der »Nacht der Prominenten«.

Diese Sendung war im Laufe der Jahre zu einem festen Bestandteil des Fernsehprogramms zu den Weihnachtsfeiertagen geworden. Am Anfang waren die Zirkusleute gar nicht so begeistert, die Promis in ihre Darbietungen einzubauen oder ihnen ein paar Tricks zu verraten. Bald aber merkten sie, daß ihre Arbeit geachtet wurde und die Gelegenheitsartisten oder -dompteure keinesfalls der Meinung waren, mit dem einen Auftritt zu Zirkuskünstlern geworden zu sein, auch wenn sie es sich nehmen ließen, die schwierigsten Passagen in den Darbietungen auch selbst vorzuführen. Dazu kam, daß die Mehrheit der für die »Nacht der Prominenten« auserwählten Prominenten fleißig trainierte und nicht mit dem Anspruch auftrat, hoppla, jetzt komm ich, das ist doch alles nur ein Klacks für mich. Die Promis ordneten sich ihren Lehrmeistern unter, und so entstand eine wunderbare partnerschaftliche Zusammenarbeit. Gute Voraussetzungen dazu bot das Winterquartier des Staatszirkus in Berlin-Hoppegarten. Nur wenige Nummern von »Berolina« oder »Aeros« befanden sich im November noch im Ausland. Das Winterquartier bedeutete für die Zirkusleute aber nicht, daß sie Urlaub hätten machen können. Es war eigentlich die Zeit, da sie an ihren Nummern feilten oder neue Programme einstudierten. Kostüme und Requisiten mußten erneuert und gebaut werden. Und wenn sie nun auch noch die Fernsehleute am Halse hatten, mußten sie eine ganz andere Planung für ihre eigentliche Arbeit vornehmen, denn die erledigte sich ja nicht von selbst. Also, es war schon ein Opfer, das sie uns brachten.

Als ich für die »Nacht der Prominenten« auserwählt wurde, übernahm ich die Aufgabe, Gerhard Quaisers Elefanten vom Zirkus »Aeros« vorzuführen. Ich hatte 14 Tage Zeit für das Training. Eine Freistellung dafür gab es nicht. Ich wurde lediglich von Frühdiensten befreit.

Täglich stand ich morgens zwischen 6 und 7 Uhr im Stall und in der Manege. Die Elefanten und Feldmann beschnupperten sich erst einmal. Um die Tiere an mich und meine Stimme zu gewöhnen, hatte ich sie erst einmal im Führring »locker« zu machen und ständig im Kreis zu bewegen. Man sollte meinen, für einen Fernsehfuzzi, der gern im Mittelpunkt steht, müsse das eine Kleinigkeit sein. Doch es ist gar nicht so einfach, immer im Mittelpunkt zu bleiben. Man dreht sich und dreht sich, und plötzlich steht man ganz dicht bei den Elefan-

Als Dompteur bei der »Nacht der Prominenten«, 1973

ten. Diesen Ablauf sind sie aber nicht gewöhnt und können dadurch sehr leicht aus dem gewohnten Rhythmus gebracht werden. Deshalb war es besonders wichtig, daß ich mir den Ablauf der Dressur genau einprägte, Stück für Stück, jede Einzelheit, jedes Kommando. Ein falscher Befehl hätte die Tiere völlig verunsichert, das Durcheinander wäre perfekt gewesen, denn durch mich wurde ja nur nachvollzogen, was Quaiser den Tieren beigebracht hatte. Gerhard Quaiser führte mich ganz behutsam an diese Aufgabe heran.

Ich selbst hatte inzwischen Blut geleckt und die Angst vor den großen Tieren längst überwunden. Wenn ich ihnen etwas zu fressen ins Maul schob, mußte ich die Hand nicht schnell wieder herausziehen. Die Elefanten warteten brav, bis sie meine Hand nicht mehr spürten. Wenn ich am Morgen in den Stall kam und sie laut rufend beim Namen nannte, drehten sie sich schon nach mir um, hoben den Rüssel zur Begrüßung.

Natürlich lief nicht immer alles reibungslos beim Training.

In einer Passage hatte ich etwa einen halben Meter vor den Elefanten rückwärts zu gehen und sie zum Mitkommen aufzufordern: »Kommt, kommt, kommt!« Irgendwann sollten sie stehenbleiben. Blieben sie aber nicht. Ich ging weiter rückwärts und spürte schon den Manegenrand an der Ferse, die Elefanten blieben trotzdem nicht stehen. Da blieb mir nur noch ein kühner Satz aus der Manege. Die Tiere standen plötzlich wie eine Eins, Quaiser und die Truppe der Pfleger wollten sich ausschütten vor Lachen, und auch meine jüngste Tochter konnte kaum an sich halten. Dabei hatte ich sie extra mitgenommen, um ihr mal zu zeigen, was für ein toller Kerl ihr Papa ist.

Wieso ich denn nicht stehengeblieben sei, wollte Quaiser wissen. Na, weil die Elefanten auch nicht stehengeblieben seien, meinte ich, die Manege war zu

Ende, wo sollte ich denn sonst hin, wenn nicht nach draußen. Da lernte ich von Gerhard, daß die Elefanten stehenbleiben, wenn ich stehenbleibe.

Während der Zirkustage war ich Großeinkäufer für Würfelzucker in meiner Kaufhalle. Kunden und Verkaufspersonal beäugten mich schon mißtrauisch. Eines Tages war die Neugier zu groß. »Sagen Sie, Herr Feldmann, wird etwa der Zucker knapp?« Ich konnte sie beruhigen.

Zur Belohnung für die Tiere hatte ich immer ein paar Würfelzucker in meiner Tasche. Die Packung lag während des Trainings außerhalb der Manege auf einem Hocker, eigentlich unerreichbar für die Dickhäuter. Vielleicht war es nur Einbildung, aber irgendwie hatte ich während der Vorführung immer das Gefühl, daß die Tiere trotz aller Konzentration immer auch einen Blick für den Hocker mit dem Zucker hatten. Ich trainierte eine Passage, in der die Elefanten die Vorderfüße auf den Rücken des Vordertieres legen müssen. »Bittuli« war noch zu klein dafür und wurde von einem Pfleger aus der Manege geführt und stand unmittelbar neben dem Hocker mit dem Würfelzucker. Eine kurze Bewegung mit dem Rüssel, schon verschwand der Zucker samt Karton im Schlund der kleinen Elefantenkuh.

Elefanten werden von uns Menschen den Dickhäutern zugerechnet. Das bedeutet aber noch lange nicht, daß sie im Sinne der menschlichen Redewendung ein »dickes Fell« haben, unempfindlich sind. Sie sind im Gegenteil äußerst sensibel, was Berührungen angeht. An einer Stelle der Dressur mußte ich zwischen den liegenden Elefanten durchgehen. Bei mir lagen sie etwas enger zusammen als bei Quaiser, weil ich sie nicht richtig dirigiert hatte. Es war kaum Platz für mich, wie sie so dort lagen. Es nützte alles nichts, ich mußte durch. Als ich beim ersten Schritt ein Tier berührte, rückte es fast unmerklich zur Seite und ließ mich passieren. Berührte ich ein anderes Tier geschah das gleiche. So kam ich ohne Probleme durch die Elefantengasse.

Höhepunkt und Abschlußbild der Dressur waren die auf den Hinterbeinen stehenden Elefanten, unter denen ich mit hocherhobenen Händen, lächelnd dem Publikum zugewandt, zu stehen hatte.

» Genieße den Beifall«, sagte Quaiser, »wenn du eine Weile gestanden hast, gehst du dann seitlich ab, und die Elefanten kommen wieder herunter, du verbeugst dich, und dann komme ich dazu.«

Wie lange ich unter den Elefanten stehen müsse, wollte ich wissen.

Das hinge vom Beifall ab, meinte Gerhard. So lange ich unter den Elefanten stünde, blieben sie oben. Ich müsse wirklich nur beachten, daß ich seitlich wegginge, denn wenn ich nach vorn wegträte, kämen die Elefanten sofort herunter, warnte mich der Dompteur. »Aber auch dann mußt du dir keine Sorgen machen, du bist klein, und wenn du ein bißchen in die Knie gehst, paßt du noch drunter.«

Die beiden Vorstellungen wurden ein voller Erfolg. Ich war wie in einem Rausch. Oft hatte ich darüber gelesen, wie junge Menschen heimlich mit dem Zirkus durchgebrannt waren. In so einer Situation befand ich mich, ich hätte glattweg beim Zirkus bleiben können. Dazu kam noch das Lob der von allen Zirkusleuten geachteten Mutter Hein, die diesem kleinen Privatzirkus vorstand: »Man hätte denken können, Sie würden nichts anderes machen.« Das brachte mich schnell wieder in die Realität zurück, denn die Anerkennung hatte vor allem den Zirkusleuten zu gelten, die uns allen ein großes Erlebnis ermöglicht hatten.

Diese Ausflüge in die Unterhaltung nahmen zwar immer mehr zu, mein Hauptbetätigungsfeld blieben aber die Nachrichten. Sie sollten es auch bleiben. Hier wußte ich, was ich konnte. In der Unterhaltung war es immer ein Ausprobieren, was kann ich, was sollte ich besser lassen. Schließlich gab es im Bereich gesprochenes Wort hervorragende Unterhaltungskünstler, an denen man gemessen wurde. Und so war es wohl auch in erster Linie die Eitelkeit, die mich dazu veranlaßte, mehrmalige Angebote, den »Kessel Buntes« zu moderieren, auszuschlagen. Seit das Fernsehen den »Kessel« immer von einem anderen Künstler oder einer anderen Künstlerin moderieren ließ, waren von einigen Prominenten Maßstäbe gesetzt worden. Aus unserer Fernsehgilde möchte ich da nur Petra Kusch-Lück erwähnen. Sie moderierte, spielte Sketche, sang und tanzte.

Und was konnte ich? Nichts von alledem. Die Erwartungshaltung der Zuschauer jedoch wäre riesengroß gewesen. Um diese Erwartungen erfüllen zu können, hätte ich schon auf den Ohren laufend auf die Bühne kommen müssen, dabei ein Kommunique verlesend. Laß mal die Finger davon, riet ich mir. Natürlich fühlte ich mich von dem Angebot der Kesselmacher geehrt, und meine Überlegungen abzulehnen brauchten schon ihre Zeit. Denn eins war auch klar: wird der von mir moderierte »Kessel« ein Erfolg, steige ich auf der Popularitätsleiter ganz hoch. Und umgekehrt? Ein ernüchternder Sturzflug. Das hätte er sich und uns nicht antun sollen, würde es heißen.

Wenn eine Fernsehsendung in den Sand gesetzt wurde und sich als Flop entpuppt, wie oft ist da zu hören, daß das Konzept nicht stimmig war. Aber kann es denn nicht auch sein, daß das Format für den Moderator eine Nummer zu groß war?

Verlockenden Angeboten muß man auch widerstehen können! Aber zuweilen sticht einen der Hafer. Da macht man Dinge, die sich im nachhinein als völlig verrückt erweisen, aber nicht mehr rückgängig zu machen sind.

Nach einer Unterhaltungsveranstaltung saß ich noch in gemütlicher Runde mit Kollegen des Leipziger Kabaretts »Die Pfeffermühle« zusammen. Zu vorgerückter Stunde und schon leicht in Bierlaune kam das Gespräch auf deren neues Programm, das sich satirisch mit dem Fernsehen auseinandersetzte und natürlich die »Aktuelle Kamera« nicht verschonte. Nach meiner Erinnerung muß das 1972 gewesen sein. Ich kannte den Sketch und konnte den Pfeffermüllern bestätigen, daß sie das Szenenbild prima hingekriegt hätten und auch die Meldungen selbst genau den Duktus der »AK« träfen. Nur, mäkelte ich, besser wäre natürlich, die Nachrichten würden vom Original und nicht von einer wenn auch gutgemachten Kopie gesprochen. Die Originale seien ja zu feige dazu, pfefferte es mir entgegen. Na, das wollten wir doch mal sehen, war es mutig aus meinem Munde zu vernehmen. Ich würde ihnen rechtzeitig meinen nächsten Aufenthalt in Leipzig mitteilen, und dann könne die Sache über die Bühne gehen. Handschlag drauf und abgemacht!

So staunten eines Abends die Besucher der »Pfeffermühle« nicht schlecht, als ein nach ihrer Meinung perfektes Feldmanndouble die satirischen Nachrichten verlas. Es gab auch Zweifler, die meinten, daß der da vorn nur das Original sein könne – aber der dürfe doch für nichts in der Welt diese Meldungen verlesen, in denen die FDJ und Egon Krenz durch den Kakao gezogen wurden und die DDR-Mißwirtschaft ihr Fett abbekam. Beim Finale, als ich zur Verbeugung gerufen wurde, bestätigte sich die Ahnung der Zweifler.

Während ich mich noch auf der Fahrt nach Berlin befand, war die Kunde von Feldmanns Kabarettabstecher schon in den Chefetagen des Fernsehens gelandet – in Form einer Beschwerde der FDJ. Es sei den Zuschauern nicht zuzumuten, daß ich einerseits die DDR zur Schnecke mache und andererseits wieder ernsthafte Nachrichten über den sozialistischen deutschen Staat verbreite. Meine Einsicht hielt sich zunächst in Gren-

Mit Hans-Joachim Preil (Mitte), 1980

zen. Ein Spaß sei es gewesen, den ja nun wirklich nur die paar Zuschauer in der Pfeffermühle mitbekommen hätten und nicht das gesamte Fernsehpublikum, versuchte ich die Sache herunterzuspielen. Es habe auch im Zuschauerraum keine Empörung gegeben ob meiner

Mitwirkung, erklärte ich weiter. Offensichtlich hätten wir mit den Meldungen den Nerv der Leute getroffen. Ob nun die Chefs die Angelegenheit nicht so eng sahen wie die Jugendfunktionäre, oder ob sie bei mir sowieso schon Hopfen und Malz verloren glaubten, die Sache ging mit einem erhobenen Zeigefinger und der Weisung, derartige Auftritte nicht zu wiederholen, glimpflich für mich aus.

Ich dachte auch, daß sich damit die Angelegenheit erledigt hätte. Doch Kaderakten halten alles geduldig fest und bringen eines Tages viele kleine Sünden als eine nicht unerhebliche Summe ans Tageslicht, die sich als hinderliche Hypothek erweisen kann.

Noch einmal beim Militär

Die NVA hatte ein eigenes Filmstudio. Zu den Sprechern, auf die man bei Dokumentar- und Ausbildungsfilmen zurückgriff, gehörte auch ich.

Als das Manöver »Waffenbrüderschaft« durchgeführt wurde, sollte davon ein Film entstehen, der zum Abschluß des Manövers während der Parade Walter Ulbricht überreicht werden sollte. So wurde also tagsüber gedreht und nachts synchronisiert. Für mich war das eine anstrengende Angelegenheit, denn an manchen Tagen hatte ich ja noch meinem Fernsehdienst nachzukommen. Verschiedene Arbeiten wurden schon im Vorgriff erledigt, zum Beispiel der Abspann des Filmes mit jedem einzelnen, der an diesem Film beteiligt war. Nun muß man wissen, daß alle Namen mit dem entsprechenden Dienstgrad versehen waren. Also, Kamera: Oberleutnant sowieso, Redakteur: Major sowieso. Nur mein Name blieb völlig zivil. Alle Filmteile, die fertiggestellt waren, wurden noch in der gleichen Nacht abgenommen. Entweder vom Chef der Politischen Hauptverwaltung, Admiral Verner, persönlich, oder von einem seiner Stellvertreter. Zur Abnahme des Abspanns kam der Admiral selbst. Die Sprachaufnahmen waren beendet, und es war so gegen 3 Uhr in der Frühe. Es wurden Getränke gereicht, Sekt, Wodka, Weinbrand. Der Abspann lief, und als die Sprecherstelle kam, rutschte mir die Bemerkung raus: »Sieht richtig nackig aus.« Der Admiral horchte auf. Nach der Vorführung fragte er: »Du hast doch gedient?«

Ich bejahte, mußte meinen letzten Dienstgrad nennen und bestätigen, daß ich Reservist war. Dann begann der für mich mehr als peinliche Dialog zwischen dem Admiral und dem Chef des Armeefilmstudios, immerhin ein Oberst. Warum denn das nicht auf dem Abspann vermerkt wäre, immerhin habe der Sprecher in diesem Film eine wichtige Aufgabe, eine größere vielleicht als der oder der. Es endete zunächst in dem Befehl, daß der Abspann auf »Sprecher: Unteroffizier der Reserve Klaus Feldmann« geändert wurde.

Da beging der Oberst den größten Fehler, den ein Militär überhaupt machen kann. Er sagte: »Das geht nicht!«

Es herrschte augenblicklich Ruhe im Raum. Die anwesenden Offiziere ahnten wohl schon die Katastrophe, denn sie kannten ihren Admiral.

Ich saß da und bereute meine Bemerkung unendlich. Mensch, dachte ich, hättest du nicht die Klappe halten können? Nun konnte mir ja gleichgültig sein, wie das Reglement bei der Armee gehandhabt wurde. Aber wie der Oberst abgekanzelt wurde, nur weil er seinem Vorgesetzten klarmachen wollte, wie unmöglich dessen Ansinnen sei, in der kurzen Zeit diesen Abspann neu zu machen, spottete jeder Beschreibung. Auf der anderen Seite hätte der Oberst nur »zu Befehl« sagen müssen, hätte alles beim alten gelassen, Zeit für eine zweite Abnahme war sowieso nicht mehr, und in dem Trubel der Vorführung bei Ulbricht hätte kein Mensch mehr auf den nicht näher bezeichneten Reservisten Feldmann geachtet. So ritt er sich auch ein wenig selber in den Sumpf. Vor allem aber war schlimm, daß es doch ging und auf dem Abspann schließlich »Uffz. d. R.« stand. Der Beweis war wieder einmal erbracht: Geht nicht, gibt's bei der Armee nicht!

Die erste Begegnung mit Waldemar Verner hatte ich ein paar Jahre zuvor. Die damalige Frauenredaktion des

Fernsehens nahm mich mit zu einem Zuschauerforum nach Strausberg. Uns hatte man an einem langen Tisch auf die Bühne gesetzt. Der Saal war brechend voll. Fragen und Antworten lösten einander ab. Ich beantwortete Fragen, wie eine AK entsteht, wie wir an die Auslandsberichte kommen, zum Schminken, wie warm es im Studio ist usw. Plötzlich erhob sich ein Mann und fragte, warum wir denn immer so ellenlange Berichte aus der Produktion und langweilige Filme aus der Landwirtschaft bringen würden. Der Saal war gut beleuchtet. Trotzdem mußte ich zweimal hingucken, um auch sicher zu sein, daß ich mich nicht irrte. Der Fragesteller war Admiral Waldemar Verner, Mitglied des Zentralkomitees. Na, das ist doch wohl der Gipfel, dachte ich. Die da oben konnten die Berichte nicht lang genug kriegen, jede Schraube war ein Schlag gegen den Klassenfeind und jede Rübenfurche sicherte den Frieden, und der stellte hier so eine Frage. Und mehr unbewußt hörte ich mich sagen: »Wäre es nicht besser, Genosse Verner, du klärst diese Frage im Zentralkomitee?« Der Saal teilte sich. Die einen klatschen, die anderen wußten nicht, wie sie reagieren sollten. Das einte sie wiederum mit dem Rest am Tisch auf der Bühne. Auch ich war zunächst erschrocken über meine Äußerung. Später bekam ich Unterstützung. Nach dem offiziellen Teil wurden wir gebeten, noch zu bleiben. Verner holte mich an seinen Tisch. »Meine Frau hat mich gebeten, dir zu sagen, daß das nicht so gemeint war vorhin. Aber du bist ja nicht auf den Mund gefallen«, sagt er zur Begrüßung.

»Endlich hat ihm mal jemand die Meinung gesagt, dem alten Rechthaber«, meinte seine Frau.

Es sollte noch ein ganz gemütlicher Abend werden.

Im Laufe der Jahre sollte mir ähnliches noch öfter passieren. Vielleicht wollte man mich auch nur provozieren. Ich meine damit nicht die Kumpel in den Betrieben, die ihren Unmut über die AK äußerten, meistens dann noch anfügten: »Du kannst das ja auch nicht ändern«, und einem freundlich auf die Schulter klopften. Nein, ich meine jene, die sich immer die falsche Adresse aussuchten, um ihre Kritik loszuwerden. Aber man hatte wenigstens gesagt, daß man dagegen war. Zum Beispiel war ich einmal von einer Gewerkschaftsgruppe des Instituts von Prof. Jürgen Kuczynski eingeladen worden. Der ansonsten mit seinem Urenkel Dialoge führende Großvater war auch anwesend. Und auch er stellte mir grundsätzliche Fragen zur Medienpolitik am Beispiel der »Aktuellen Kamera«. Nun stand ich solchen Dingen durchaus aufgeschlossen gegenüber, denn sie trafen ja wirklich den Kern einer verfehlten Informationspolitik. Aber wenn dann Leute wie er mit Insider-Wissen von mir verlangten, ich solle das ändern, fragte ich mich, warum dieser Mann nicht die richtige Adresse wählte.

Und nun der Sport

Ich war und bin immer noch begeisterter Wintersportler, vor allem alpiner Skiläufer, obwohl ich als Flachländer eher zufällig zu diesem Sport gekommen bin. Ich hatte dem Fernsehsportchef, als ein Kollege ausfiel, kurzfristig mit einer Moderation aus der Patsche geholfen, und er revanchierte sich dafür mit einem Ferien-

In Tirol, 2002

quartier in Oberwiesenthal. An der Stelle, wo heute an der Straße zur tschechischen Grenze das Fichtelberghotel steht, hatte eine Dynamo-Sportschule ihren Standort. Da durfte ich einziehen. Herbergsvater war Fritz Riedel, dessen Söhne Eberhard und Achim alpine Skiläufer waren und der Nationalmannschaft angehörten. Da wird jetzt so mancher staunen. Ja, es gab in der DDR auch mal Damen- und Herren-Nationalmannschaften im alpinen Rennsport. Die Namen von Eberhardt »Ebbs« Riedel, Ernst Scherzer, Peter Lützkendorf oder Klaus Nestler, um nur diese Sportler zu erwähnen, wurden international in alpinen Kreisen mit Hochachtung genannt, und so lange diese drei nicht die Ziellinie durchfahren hatten, war das Rennen nicht entschieden. Sie fuhren alle Disziplinen: Abfahrt, Riesenslalom und Slalom. Super-G gab es zu dieser Zeit noch nicht. Oft konnten sie mit ihrem Material mit dem der anderen Rennläufer nicht mithalten. Neben Oberwiesenthal standen für das Training höchstens mal Pisten in Bulgarien, der Hohen oder Niederen Tatra zur Verfügung. Trainer war Joachim Lohs, der nach dem Aus für die Alpinen als Trainer zu den Springern wechselte und dort unter anderem Jens Weißflog betreute. Da die DDR-Alpinen jedoch, im Gegensatz zu Vertretern anderer Sportarten, fast aussichtslos Medaillen und großen Welterfolgen hinterherfuhren, die Sportart dazu sehr materialaufwendig war und Devisen verbrauchte, wurden eines Tages die alpinen Aktivitäten im Bereich des Spitzensportes eingestellt. Fortan waren die ehemals aktiven Rennläufer als Skilehrer auf den Hängen in Oberwiesenthal anzutreffen. Konnte ich bei Ebbs und Achim Riedel oder auch Achim Lohs schon zu ihrer aktiven Zeit so manche Übungsstunde nehmen, stand nun richtigen Skikursen nichts mehr im Wege. Und die waren schweißtreibend. Wo heute zum Beispiel vom Eisstadion bis zum Eckbauern die Skifahrer mit dem Lift nach oben gebracht werden, war Kraxeln angesagt. Erst mit dem Bau des FDGB-Ferienheimes »Am Fichtelberg« entstand ein Lift an diesem Hang. Und präpariert war der Hang auch nicht. Entweder man stieg einfach nach oben und fuhr den Hang herunter, so wie er war, oder die Skifahrer traten gemeinsam an zum Pistentreten. Wer diese Arbeit scheute, stellte sich frierend an der Schwebebahn an und verlor damit schon mal 45 Minuten. Eine weitere Möglichkeit, zumindest bis zur Hälfte des Übungshanges zu kommen, gab es mit dem kleinen Lift an der alten Sprungschanze, die mit ihrer urigen Schanzenbaude regelrecht zum Einkehrschwung aufforderte. Nicht sehr einladend war, was die Witterung betraf, der große Sessellift zum »Kleinen Fichtelberg«. Hier zog es meistens wie Hechtsuppe, und es war eisig kalt.

Als sich der Grenzübergang zur Tschechoslowakei für die Touristen öffnete, wurde auch die Straße hoch zum Fichtelberg vom Schnee beräumt, und Skibusse brachten die Wintersportfreunde auf den Berg. Am Busbahnhof war jedoch wieder Geduld gefragt. So bildeten sich Fahrgemeinschaften zwischen den Skifreunden. Einer fuhr immer drei, vier Kumpels hoch zum Fichtelberg, und während er wieder die Rückfahrt antrat, konnten die anderen in aller Ruhe über den Hang wedeln. An einer verabredeten Stelle traf man sich wieder, und das Spiel ging von vorn los. Nach zwei Stunden wechselten die Fahrer, so daß jeder mal in den Genuß des Skilaufens kam und jeder auch einmal den Chauffeur spielen mußte.

Der neue Lift am FDGB-Heim brachte da schon eine gewaltige Entlastung, obwohl immer noch Anstehen angesagt war. Da das ein paar hochrangigen Gästen aus einigen Ferienheimen offenbar nicht zuzumuten war, kursierten Sonderausweise, mit denen man die sozialistische Wartegemeinschaft umgehen und sich

»vordrängeln« konnte. Für die Schwebebahn gab es sogar Schlüssel für einen Seiteneingang. Diese Sonderregelungen nahmen von Jahr zu Jahr immer mehr Leute in Anspruch, und da ich als langjähriger Dauergast inzwischen auch schon so meine Beziehungen hatte, besaß ich ebenfalls Karte und Schlüssel. Die brav in der Schlange stehenden Urlauber wollten das allerdings nicht so ohne weiteres hinnehmen. Nicht nur, daß man sich so manch unfeine Bemerkung anhören mußte, irgend jemand hatte die Presse mobilisiert, und so recherchierte die Zeitung »Junge Welt« den Fall. Der Bürgermeister kam in Bedrängnis und zog sämtliche Karten ein, und auch die Schlüssel für das Seitentürchen an der Schwebebahn mußten abgeliefert werden. Stand man jetzt wie die anderen in der Schlange, gab es schon mal ein paar hämische Bemerkungen. Wenn selbst heutzutage der Spruch Gültigkeit hat, daß Beziehungen nur dem schaden, der keine hat, galt das erst recht in der sozialistischen Realität. Unter meinen Skifreunden waren vor allem Wismutkumpel. Die versorgten mich mit dem legendären »Kumpeltod«, einem Trinkbranntwein, der überaus begehrt war als Tauschobjekt und Türen und Tore öffnete bis hin zu den Liftschranken. Da ich noch nicht restlos verdorben war, plagten mich das eine um das andere Mal schon Gewissenbisse gegenüber der Warteschlange. Doch wer hätte die Möglichkeiten nicht genutzt, wenn er sie bekommen hätte? Einige der Meckerer waren sogar auf die glänzende Idee gekommen, sich bei einigen Liftjungen abends in der Schenke mit ein paar Runden Bier oder Magenbitter Vorteile zu verschaffen.

Doch nun zu dem angedeuteten Ereignis von 1980.

Meine Skibegeisterung führte dazu, daß der Journalistenverband mir das Angebot machte, mit noch anderen Kollegen an Skiwettbewerben des Internationalen Journalistenverbandes teilzunehmen, die dieser regelmäßig in verschiedenen Ländern mit Journalisten aus Ost und West veranstaltete. Die Offerte an mich betraf die Rennen 1980 in Norwegen. Fast ein dreiviertel Jahr vorher mußten alle Unterlagen dafür eingereicht werden, und zwar nicht nur bei den DDR-Behörden, sondern auch in Norwegen. Als Bewohner eines Landes, das dem Warschauer Vertrag angehörte und der in ein NATO-Land einreisen wollte, erhielt ich einen Fragebogen, der den Umfang einer Auto-Betriebsanleitung hatte. Auskünfte über Eltern und Geschwister mußten erteilt werden, wann wer in welchem Jahr wo gewesen war, wo sich der Vater oder wer auch immer im zweiten Weltkrieg aufgehalten hat und lauter Fragen, bei denen heute die Datenschützer auf die Barrikaden gehen würden. Wenn auch nur theoretisch.

Schließlich informierte mich der für internationale Beziehungen verantwortliche Mitarbeiter des Verbandes, daß mein Antrag sowohl von Oslo als auch von Berlin genehmigt worden sei und die Pässe ausgestellt seien. Als Trainingslager besorgte ich für mich und meine Frau noch schnell Quartiere in der Niederen Tatra und sah frohen Mutes den Ereignissen entgegen. Das alles geschah noch im Herbst/Winter 1979.

Vor Jahresschluß bat mich unser oberster Fernsehchef in sein Büro. Kurz und knapp teilte er mir mit, daß meine Norwegenreise ausfallen müsse. Ich wußte, wie zwecklos es war, nach dem Warum zu fragen. Trotzdem tat ich es. Überraschenderweise druckste mein Chef gar nicht lange herum. Nach dem Einmarsch der sowjetischen Truppen in Afghanistan, der eine Hetzkampagne seitens westlicher Journalisten gegen die UdSSR ausgelöst habe, sei man sich nicht sicher, ob ich dem standhalten könne und die richtigen Worte für die Verteidigung der sowjetischen Hilfsmaßnahmen finden würde. Das wolle man vor allem in meinem Interesse vermeiden, sagte er, denn es sei ja

Beim Solidaritätsbasar auf dem Alex, 1980

Gleicher Ort, gleiche Veranstaltung

bekannt, daß ich besonders in kritischen Situationen selbständig nicht immer die richtige Haltung einnehmen würde. Das war deutlich. Das war Mißtrauen pur. Ich konnte mir nicht vorstellen, daß die politischen Witze, die ich gelegentlich erzählt hatte, oder eine abweichende Meinung gegenüber offiziellen Verlautbarungen zu dieser Skepsis geführt hatten. Daß ich nicht als der hundertprozentige Genosse galt, war mir klar. Trotzdem sah ich mich nicht als Feind oder Gegner der DDR. Zugegeben, ich hätte mir vorstellen können, auch im Westen zu leben, ich bin mir nicht sicher, ob ich die Chance Norwegen nicht doch für ein Weggehen genutzt hätte. Aber das sind alles Spekulationen. Schließlich ging es mir gut, und ich hatte Frau und zwei Kinder, die ich hätte zurücklassen müssen.

Einerseits dieses Mißtrauen, andererseits schmückte man sich gern mit meinem prominenten Namen. So wurde ich gedrängt, 1966 als Abgeordneter für die Stadtbezirksversammlung Treptow zu kandidieren. Als Vorsitzender der Ständigen Kommission Kultur habe ich versucht, in dieser Zeit neue Formen der Kulturarbeit in den Klubhäusern einzuführen, die ich auch selbst in Klubs praktizierte. Ich war eingebunden in die komplizierte Planung und Entstehung des Kulturparks Plänterwald. Kompliziert deshalb, weil Naturschützer und Anwohner bei uns vorstellig wurden, die verhindern wollten, daß im Plänterwald Bäume dem Vorhaben geopfert werden sollten. Die Ausmaße der Proteste führten schließlich dazu, daß die Gesamtkompetenz für den Kulturpark dem Magistrat zugeschoben wurde.

Es war auch die Zeit, da nach dem Vorbild der Beatles en masse Rockgruppen im wahrsten Sinne wie Pilze aus dem Boden schossen und sich unkontrolliert Auftritte verschafften. Polizeiliches Vorgehen gegen diese Auswüchse lehnten die Abgeordneten der Kulturkommission allerdings ab. Wir hielten es für besser, den

Mit den Regisseuren Fritz Gierth und Manfred Schneider beim Renovieren einer Rentnerwohnung, 1986

zum größten Teil musikalischen Autodidakten Unterstützung durch Musikschulen oder andere Fachleute zukommen zu lassen.

Als ehrenamtlicher BGL-Vorsitzender des »Bereiches Aktuelle Kamera« – immerhin hatten wir gewerkschaftlich zeitweise bis zu 250 Kollegen zu betreuen – wurde ich sogar in den Bundesvorstand der Gewerkschaft gewählt.

Es schien also alles einigermaßen in Ordnung zu sein.

Als ich jedoch 2003 Einsicht in meine Stasiakte bekam, merkte ich, daß ich von 1961 an, als ich mich gegen die Kampfgruppen im Studio wehrte, wie ein Staatsgegner registriert und beobachtet wurde. Gott sei Dank von mir nicht bemerkt, sonst wäre wohl meine

Unbefangenheit verlorengegangen. Dinge, die für mich einfach nur eine Tagesepisode waren, wurden von den Spitzeln in der näheren Umgebung an die Stasi gemeldet. So sah mich zum Beispiel ein Kollege mit einem Eimer, in dem ich Wasser für Blumen holte, über den Gang gehen. Ich bräuchte den wohl bei den Nachrichten, falls ich mal auf Toilette müsse, meinte er. Nee, sagte ich, ich müsse immer kotzen bei den Meldungen.

Die politische Bühne

Die Beobachtung meiner Person mag auch dazu geführt haben, daß ich nie näher als beruflich notwendig an Politiker herangelassen wurde. Im Bundesvorstand gab es zwar gute Kontakte zum FDGB-Vorsitzenden Harry Tisch, das war es aber auch fast schon. Bedauert habe ich das nie, geschweige denn mich nach mehr Nähe gedrängt.

Einmal gab es ein Zusammentreffen mit Werner Lamberz bei einer Probe in Adlershof. Ich schloß eine ellenlange Protokollmeldung mit der flapsigen Bemerkung: »Soweit das Adreßbuch des Politbüros.« Nach dem Durchlauf bestellte mich Adamecks Sekretärin ins Allerheiligste. Dort hockte der Fernsehchef kalkweiß und neben ihm der aufgeräumte Werner Lamberz, den ich noch aus gemeinsamen FDJ-Tagen kannte. Klaus, meinte er, ich habe mich sehr amüsiert, aber ich bitte dich, solche Scherzchen besser zu unterlassen. Man weiß nie, wer auf der Probe im Saal sitzt.

In Ordnung, sagte ich. Lamberz verabschiedete sich und meinte, auch in Richtung Adameck: Das hat sich dann erledigt.

Am nächsten Tag wurde ich zu Erich Selbmann gerufen, dem Chefredakteur der AK. Der war völlig verzweifelt: »Klaus, was hast du gestern gemacht, der Werner Lamberz hat sich beschwert.«

Ich klärte ihn auf und sagte, was er für ein Faß aufmache, für Lamberz sei die Sache erledigt.

Eben nicht, antwortete Selbmann. Er hat sich beschwert.

Zufällig fand Tage später die Auszeichnung der Fernsehlieblinge statt, Lamberz war zugegen. Ich fragte ihn, wieso er sich nachträglich über mich beschwert habe, wo doch die Sache gegessen schien. Daraufhin er: »Ich habe keine Klage geführt!«

Nun bekam Selbmann wieder mit, daß ich mit Lamberz gesprochen und dieses Gemauschel durchschaut hatte, was dazu führte, daß ich kritisiert wurde, weil ich ein Politbüromitglied angequatscht hatte. Die Folge war: Es erging Order an alle Mitarbeiter, daß es ihnen fortan untersagt sei, sich direkt an Politbüromitglieder zu wenden. Das wäre nicht unsere Ebene.

Ich habe nur einmal erlebt, wie Adameck mit Honekker telefonierte. Makosch war aus dem ZK gekommen und hielt einen Honecker-Text in der Hand, den ich ungelesen sofort in das Mikrofon sprechen sollte. Der Text war in großen Lettern geschrieben, doch beim Kopieren waren halbe Zeilen abhanden gekommen. Ich las und improvisierte an diesen Stellen, das dauerte 15 Minuten. Dann mußte ich hoch zu Adameck, er telefonierte. »Ja, Genosse Honecker«, und als er mich sah, sagte er mir: »Der Genosse Honecker möchte eine Zahl wissen.« Was für eine Zahl, fragte ich. Adameck sagte schließlich 500.

Ich bekam eine Prämie von 500 Mark.

Und einmal bin ich Erich Honecker auch in Adlershof begegnet. Er nahm im Studio eine Fernsehrede auf, und unser Fernsehvorsitzender persönlich bewachte die Tür, aus der er nach der Aufnahme kommen mußte. Durch die mußte aber auch ich ins Nachrichtenstudio zur Sendung. Es war Sommer und ziemlich warm. Gewohnheitsmäßig hing mein Sakko im Studio über dem Stuhl, und ich diskutierte im Hemd mit gelockerter Krawatte mit meinem Chef, daß er mich aber nun hineinlassen müsse, als die Tür geöffnet wurde und Honecker, mehr erschrocken als ich, vor mir stand. Kaum daß er ein leises »Guten Tag« hervorgebracht hatte, wurde er vom Fernsehchef schon weggedrängt.

Da war die Begegnung mit Hermann Matern schon lockerer. Der Anlaß war allerdings auch ein anderer. Matern war Mitglied des Politbüros und Vorsitzender der Parteikontrollkommission der SED.

Am 17. Juni 1968 beging der betagte Funktionär seinen 75. Geburtstag. Warum zu diesem Anlaß keine hochrangige Fernsehdelegation zur Gratulation ins ZK geschickt wurde, ist mir bis heute nicht klar. Alles deutet aber darauf hin, daß die Fernsehbosse den Termin schlicht und einfach verpennt hatten, denn sowohl Monika Unferferth, eine unserer Ansagerinnen, als auch ich bekamen einen Anruf aus dem Sekretariat des Vorsitzenden, daß wir sofort ins Zentralkomitee fahren müßten, begleitet vom Sekretär des Chefs. Unterwegs im Auto wurden uns unsere Rollen zugewiesen. Monika sollte den riesigen Blumenstrauß überreichen und ich das Geschenk und das Glückwunschschreiben. Ob das Geschenk im Kofferraum sei, fragte ich. Nein, in der Hutablage hinter dir, erhielt ich zur Antwort. Ich schaute mich um, entdeckte aber nur einen kleinen Karton, bei dem durch ein Zellophanfenster unser guter alter Sandmann sichtbar wurde, so wie man ihn mit viel Glück in den Geschäften kaufen konnte. Das war das Geschenk! Völlig lieblos, ohne Geschenkpapier oder Schleife. Das könne doch nicht ernst gemeint sein, wagte ich zu räsonieren, dann lieber nur die Blumen und die Glückwunschmappe. Es half alles nichts, ich konnte mich nicht durchsetzen.

Im Hause des Zentralkomitees war reger Betrieb. Im Foyer warteten zig Delegationen mit ihren Präsenten, um vorgelassen zu werden. Mit viel Mühe gefertigte berufsspezifische Geschenke waren zu sehen oder riesige

Präsentkörbe, die von zwei Männern getragen werden mußten. Mittendrin stand ich mit einem Sandmannkarton. Als die Reihe an uns war, wurden wir in den Fahrstuhl gebeten. In der Ecke sah ich einen kleinen Hocker. Es fiel überhaupt nicht auf, daß ich mich in seine Nähe stellte. Kurz bevor wir den Lift verließen, legte ich meinen Sandmann – von allen unbemerkt – auf dem Hocker ab und folgte Monika und dem Sekretär in einen sogenannten Sammelraum. War man hier erst einmal drin, kam man nicht wieder heraus. Mit Schnittchen und Getränken verkürzten wir uns die Zeit. Wir drei Fernsehleute wurden dann gemeinsam mit den Abordnungen des Rundfunks und der DEFA zur Gratulation vorgelassen. Erst jetzt fiel meinen Kollegen auf, daß ich keinen Karton mehr bei mir hatte. Oh, den muß ich wohl im Fahrstuhl vergessen haben, tat ich erschrocken. Nach meinem vorangegangenen Palaver glaubten die anderen wohl nicht an ein Versehen, konnten nun jedoch nichts mehr ändern.

Es war mir aufgetragen worden, die Mappe mit den Geburtstagswünschen mit den Worten zu überreichen: »Genosse Matern, im Namen der Mitarbeiter des Fernsehens ... usw. usw.« Dazu kam es aber nicht. Als ich an Matern herantrat, er mich erkannte und mir die Hand zum Gruße bot, sagte er für alle im Raum hörbar: »Hat man denn noch nicht mal zum Geburtstag seine Ruhe vor den Nachrichten!« In die Heiterkeit hinein übergab ich wortlos meine Mappe und machte Platz für die Nachfolgenden. Ein paar Minuten durften wir noch verweilen, wurden noch einmal zum Büfett gebeten und konnten uns wieder entfernen. Der Fahrstuhlführer wartete schon und hielt meinen Sandmannkarton in seinen Händen, so, als habe er etwas Verbotenes gefunden. »Den habt ihr vergessen«, sagte er. »Nein, nein«, entgegnete ich freundlich, »der ist für dich, Genosse.«

Nach meinem Gefühl war 1968 ein Jahr mit gravierenden Veränderungen in der Fernsehlandschaft. Andere mögen das vielleicht nicht so empfunden haben. Ich aber meine, mit dem Prager Frühling veränderte sich die Haltung der Parteiführung zum Fernsehen. Selbstverständlich war dem Politbüro die Rolle und die Macht der Medien theoretisch bewußt. Wie sich das aber in der Praxis auswirkte, erkannten sie für meine Begriffe erst mit den Ereignissen in der Tschechoslowakei.

Die Partei verstärkt ihren politischen Einfluß auf das Fernsehen und seine Mitarbeiter. Die Chefredaktion der »Aktuellen Kamera« muß sich gefallen lassen, daß der Sekretär für Agitation im ZK direkt auf die Reihenfolge von Filmen und Nachrichten Einfluß nimmt. Sendevorschläge der AK-Leitung werden nicht selten in Bausch und Bogen verrissen. Für die Parteiführung besonders wichtige Nachrichten werden gleich in der Agitationsabteilung verfaßt und dürfen keinesfalls verändert werden. »Wortlautmeldungen« heißt das Kürzel für diese Nachrichten. Selbst falsche Grammatik darf nicht korrigiert werden. Der Wahnsinn findet seinen Höhepunkt darin, daß der Agit-Prop-Sekretär des Zentralkomitees die »Heute«-Sendung des ZDF abwartet, um letzte Hinweise für unsere Sendung um 19.30 Uhr zu geben. Nach 20 Uhr kommen dann noch einmal Hinweise, nachdem er die »Aktuelle Kamera« mit der »Tagesschau« vergleichen konnte. Die neuen Weisungen müssen dann für die Spätausgabe befolgt und in der Aufzeichnung für die Wiederholung am nächsten Vormittag notfalls korrigiert werden. Eigenes Denken der Redakteure ist schon längst nicht mehr gefragt. 1984 kommt alles noch schlimmer. Das Fernsehen scheint in den Augen der Führung unzuverlässig zu sein. Nachdem sich innerhalb kurzer Zeit rund zwei Dutzend Mitarbeiter des Fernsehens in den Westen abgesetzt haben, wird der Personalbestand in Adlershof mit Kadern aus dem ZK aufgestockt. Das Fernsehen der DDR ist zu dem Zeitpunkt der Betrieb im Stadtbezirk Treptow mit den meisten Ausreiseanträgen.

Das Engagement der Mitarbeiter, das einst das größte Kapital des Fernsehens war, mit dem so manche Schwierigkeit und mancher technische Mangel überwunden werden konnte, ist nicht mehr zu erkennen. Zwar wird die Arbeit ordentlich getan, aber es ist nur noch ein Job, den man verrichtet, ohne innere Bindung, ohne Herzblut.

Mit AK-Kollegin Anja Ludewig, 1982

In gemütlichen Kollegenrunden schwelgt man nur noch in Erinnerungen. Was hatten wir für Einfälle zum Abschluß der Sendung am Silvesterabend: der Nachrichtensprecher wünscht den Zuschauern ein gesundes neues Jahr und gießt allen Kollegen im Studio aus dem Mikrofon Sekt in bereitstehende Gläser. Ein anderes

Mal ist die Vorderfront des Schreibtischs so präpariert, daß sie sich auf einen Knopfdruck von mir öffnet und eine Batterie gefüllter Sektgläser erscheint. Wenn Green Peace mitbekommen hätte, wie wir an einem Silvestertag mehrere Karpfen opferten, wir würden heute noch auf der schwarzen Liste stehen. Was sollten wir machen? Der Karpfen, den wir für unsere Silvestergeschichte benötigten, mußte vormittags gekauft werden. Die Läden schlossen um die Mittagszeit. Wir konnten aber erst am Nachmittag den Gagteil der Sendung aufzeichnen. Zweimal bemerkte der Aufnahmeleiter noch kurz vor Ladenschluß den in einem großen Eimer auf dem Rücken liegenden Fisch. Der dritte Karpfen überlebte, weil wir ihn zwar auch in einen Eimer setzten, der jedoch unter eine Dusche im Waschraum gestellt und ständig mit laufendem Wasser und Sauerstoff versorgt wurde. Jedes Jahr warteten die Zuschauer mit Spannung auf die letzten 5 Minuten unserer Sendung, um zu sehen, was sich die Redaktion diesmal hatte einfallen lassen. Die Zeiten waren nun endgültig vorbei. Am schlimmsten aber war, wir sahen, wie es so schön heißt, kein Licht mehr am Ende des Tunnels.

Kein Tauwetter in Sicht

Es gab Zeiten, da waren bestimmte politische Ereignisse noch Lichtblicke in unserer Arbeit. Wir erhofften uns von ihnen Erleichterungen für die journalistische Arbeit, Lockerungen in der Reglementierung. Das galt zunächst 1970 für den Besuch von Willy Brandt in Erfurt. Auf dem Gelände der IGA in Erfurt gab es sogar ein gemeinsames Fernsehstudio mit den Fernsehkollegen aus der Bundesrepublik. Natürlich versuchten unsere Chefs, Begegnungen zwischen Ost- und Westkollegen zu verhindern, ganz gelang das jedoch nicht. Schließlich konnte man einen freundlich dargebotenen Gruß nicht ignorieren oder die entgegengestreckte Hand einfach zurückweisen. Um aber längere Kantinengespräche zu vermeiden, wurde nach dem ersten Tag bereits eine separate Versorgung für die Mitarbeiter des DDR-Fernsehens organisiert. Aber es war schon interessant für uns, wie sich Karl-Eduard von Schnitzler und Gerd Ruge begegneten, einstmals, wenn auch vor ewigen Zeiten, Kollegen beim Westdeutschen Rundfunk in Köln. Ruge bemühte sich vergeblich um ein freundliches Miteinander. Schnitzler sah in ihm nur den Klassenfeind.

Hoffnungen weckte 1972 die Unterzeichnung des Grundlagenvertrages zwischen der DDR und der BRD. Und schließlich kam fast schon so etwas wie Euphorie auf, als drei Jahre später, nämlich 1975, in Helsinki die Konferenz für Sicherheit und Zusammenarbeit in

Auftritt in der Stadthalle Karl-Marx-Stadt

Europa, KSZE, in Helsinki stattfand und mit Beschlüssen zu Ende ging, die zu großen Hoffnungen auf ein Tauwetter im Kalten Krieg berechtigten.

Die Träume hielten nur wenige Wochen, dann ging der alte Trott weiter. Da die KSZE in großen Teilen der

DDR-Bevölkerung Illusionen geweckt hatte, die von der Partei- und Staatsführung nicht erfüllt wurden, stärkten sich die Reihen oppositioneller Gruppen. Das wiederum rief die Gegenwehr der Sicherheitsorgane auf den Plan.

Seit Anfang des Jahres 1975 war das Fernsehen und speziell die »Aktuelle Kamera« noch mehr unter die Fittiche der Partei genommen worden. Papierknappheit hatte dazu geführt, daß nicht nur einige kleinere Zeitungen ihr Erscheinen einstellen mußten, auch die Sonntagsausgaben der großen Zeitungen fielen dem Papiermangel zum Opfer.

Dafür bekam das Fernsehen den Auftrag, diesen Informationsverlust für die Bevölkerung durch ein Informationsmagazin am Sonntagvormittag auszugleichen. Lange hielten wir das aber nicht durch. Dafür hätte es einer eigenen Redaktion bedurft, die die ganze Woche über für dieses Magazin hätte produzieren können. Für diese Aufgabe stand aber kein zusätzliches Personal zur Verfügung. So mußten die Redakteure dieser Sendung auf jene Beiträge zurückgreifen, die ausschließlich unter den Gesichtspunkten der aktuellen Tagesberichterstattung gedreht worden waren.

Niemand soll denken, die Redakteure der »Aktuellen« hätten keine Erfahrungen aufzuweisen gehabt, wie Magazinbeiträge gedreht, getextet und gesprochen werden müßten. Es gab jahrelang innerhalb der Sendezeit von 19.30 Uhr bis 20.00 Uhr, mit Ausnahme des Mittwochs, die Rubrik »Im Blickpunkt«. Mittwochs begann die abendliche Nachrichtensendung erst 19.45 Uhr, weil an diesem Tag eine politische Gesprächsrunde bis zu dieser Uhrzeit im Programm war.

Die Blickpunktbeiträge hatten eine Länge von 10 Minuten und wurden in der Regel erst kurz vor Sendebeginn fertig. Die Sprecher mußten mitunter die Texte einsprechen, ohne vorher auch nur ein Schnippselchen

Zu Gast im Studentenclub in Leipzig

des Filmes gesehen zu haben. Der Redakteur des Beitrages stand hinter dem Sprecher, und wenn dessen Einsatz zu erfolgen hatte, tippte er ihm auf die Schulter und gab ihm auch ein Zeichen, wenn er eine Pause machen sollte. Im Eifer des Gefechts vergaß manchmal der Redakteur die Live-Situation, und so waren im Hintergrund leise Kommandos zu hören: Stopp – weiter – Pause. Da war höchste Konzentration gefragt, die Tagesmannschaft bangte, ob alles in Ordnung gehen würde, und für uns Sprecher waren das, trotz starker nervlicher Belastungen, Momente großer Herausforderungen.

Die Themen der Beiträge waren ganz unterschiedlich: Theaterpremieren, Eröffnungen von Ausstellungen, Künstlerporträts, Berichte über Denkmäler oder historische Gebäude, Dokumentationen zu Gedenk- und Feiertagen und anderes mehr.

Vergleicht man einmal das Produktionsvolumen der Blickpunktbeiträge in einem Jahr mit dem der Filme analoger Länge, die im gleichen Zeitraum von Dokumentar- und Magazin-Bereichen im Fernsehen gedreht wurden, liegt der »Blickpunkt« eindeutig vorn. Ich nenne hier ausdrücklich nur den Produktionsumfang, da verständlicherweise viele andere Dinge mehr Zeit in Anspruch nehmen mußten als bei der »Aktuellen.« Die Blickpunkte waren trotz allen Magazincharakters für den Tag gemacht, die Dokfilme mußten längere Zeit einer Betrachtung und einem Urteil standhalten. Das heißt, Recherche, Kameraführung und Drehortsuche bedurften eines größeren Zeitaufwandes.

Die vor und nach Helsinki stattgefundene Anerkennungswelle der DDR durch westliche Länder und Staaten der Dritten Welt erforderte auch von uns akkurates Arbeiten. In den in Berlin ansässigen Botschaften wurde die »Aktuelle Kamera« regelmäßig gesehen und entsprechend ausgewertet. Wir mußten also alles unterlassen, was dazu hätte führen können, daß sich ein Land gegenüber einem anderen durch unsere Berichterstattung benachteiligt oder vernachlässigt fühlte.

Als Beispiel sollen die Akkreditierungen von Botschaftern bei Honecker herangezogen werden.

Zunächst einmal galt für uns die Pflicht, eine solche Akkreditierung mit der Kamera wahrzunehmen, da es eine sogenannte Aktivität des Staatsratsvorsitzenden war. In gleicher Weise galt das für den Fall, daß Honekker in seiner Eigenschaft als Generalsekretär der Partei in Erscheinung trat. Das war festgelegtes Prinzip und sozusagen Befehl. Empfing nun Erich Honecker drei oder vier Botschafter an einem Tag, bekam der Zuschauer am Abend in der »AK« fast identische Bilder und Texte von diesen Ereignissen zu sehen. Natürlich hätte es auch eine vom Nachrichtensprecher verlesene Sammelmeldung getan, daß E. H. die und die Botschafter zu ihren Antrittsbesuchen empfangen habe. Doch dazu hätte erst einmal dieser Eitelkeitsbefehl hinsichtlich der Drehpflicht bei Aktivitäten des ersten Mannes im Staate gekappt werden müssen.

Für uns Sprecher brachte die Anerkennungswelle und die mit ihr einhergehenden Staatsbesuche die berufliche Pflicht mit sich, die Aussprache von Namen ausländischer Gäste und Politiker genau zu recherchieren. Daß man sich dabei nicht immer auf seine herkömmlichen Sprachkenntnisse verlassen kann, habe ich schon an anderer Stelle geschildert. Was lag also näher, als direkt an die Quelle zu gehen. Das bedeutete nicht, daß wir den Gast direkt angerufen und gefragt hätten, wie er sich ausspricht. Aber es gab die Botschaften in Berlin. Anfangs waren die erst einmal erstaunt, als wir uns mit unserem Anliegen bei ihnen meldeten. Bald aber schlug das um in Freude und Anerkennung für uns. Einige Botschaften schickten uns sogar Listen mit Namen von Politikern, die immer wieder in unseren Nachrichten auftauchen könnten. Von den Chinesen erhielten wir eine umfassende Aufstellung phonetischer Regelungen. Mitunter riefen auch die Presseabteilungen der Botschaften bei uns an, um uns ein paar Sprachhilfen zu geben. Für uns Sprecher war diese Akribie eine Art Höflichkeit gegenüber den in unser Land kommenden Gästen.

Genauigkeit in der Arbeit war oberstes Gebot bei der »Aktuellen Kamera«.

Man kann sicher über den Inhalt einer Meldung streiten und unterschiedlicher Meinung sein, man kann lange darüber klagen, daß die ständige Nennung ewig langer Titel und Funktionen uns und dem Zuschauer auf die Nerven ging, an der Tatsache, daß das vorgeschrieben war, kamen wir nicht vorbei. Und wenn es gemacht werden mußte, mußte es auch stimmen. Natürlich faßten wir uns an den Kopf und hielten es für lächerlich, daß einer unserer Redakteure, der in einer Meldung die Titel Mitglied und Kandidat des Politbüros verwechselt hatte, deshalb beim Vorsitzenden des Staatlichen Komitees für Fernsehen persönlich antanzen und die Namen der Mitglieder und Kandidaten des Politbüros aufsagen mußte. Da wir aber wußten, wie peinlich genau auf solche Sachen geachtet wurde, galt es, dem eben Rechnung zu tragen. Das Protokoll war eine heilige Kuh!

Die Fladen dieser heiligen Kuh landeten als Protokoll- oder Wortlautmeldungen auf unseren Tischen, geprägt von einem fürchterlichen Deutsch. Es gab Meldungen, die nur verfaßt worden waren, weil über ein Ereignis in der DDR, das Rundfunk, Fernsehen und Zeitungen der DDR verschwiegen, die Medien der BRD berichtet hatten. Meist Tage später verlasen wir dann eine Nachricht, die nur begriffen werden konnte, wenn man vorher »Tagesschau« oder »Heute« gesehen hatte. Etwa so:

»Im Zusammenhang, mit der in westlichen Medien stattfindenden Hetzkampagne gegen Maßnahmen der Regierung der Deutschen Demokratischen Republik, ist ein Sprecher des Ministeriums für Auswärtige Angelegenheiten der Deutschen Demokratischen Republik berechtigt mitzuteilen, daß die erhobenen Vorwürfe nicht nur nicht den Tatsachen entsprechen, sondern dazu beitragen, die auf der Grundlage der friedlichen Koexistenz basierenden nachbarlichen Beziehungen zwischen der Deutschen Demokratischen Republik und der Bundesrepublik Deutschland zu gefährden. Die Regierung der Deutschen Demokratischen Republik betrachtet die Hetzkampagne, die mit Duldung der BRD-Regierung stattfindet, als eine Einmischung in die inneren Angelegenheiten der DDR. Das Ministerium für Auswärtige Angelegenheiten der Deutschen Demokratischen Republik hat dem Ständigen Vertreter der BRD in der Deutschen Demokratischen Republik ein entsprechendes Schreiben zukommen lassen.«

Wer nicht den »Westen« gesehen hatte, wußte nichts, aber auch gar nichts mit dieser Meldung anzufangen. Aber, wir hatten nunmehr offiziell, über was auch immer, berichtet.

Ich wünsche keinem Kollegen der heutigen Zeit, daß er in die Lage kommt, sich nach ähnlicher Titel-und Protokoll-Krümelkackerei richten zu müssen. Ein wenig mehr Genauigkeit würde ich mir von ihnen aber schon wünschen.

Allzu häufig stoße ich auf Schludereien in Artikeln, die Zweifel am journalistischen Ethos der Herren Verfasser aufkommen zu lassen. Dabei sind nicht wenige darunter, die ihr Handwerkszeug an der Journalistischen Fakultät der Leipziger Karl-Marx-Universität erlernt und in der Wendezeit ihren Abschluß gemacht haben. Wenn man beispielsweise von solchen Kollegen voller Unverständnis gefragt wird, wie wir Alten denn diese Art journalistischer Berichterstattung hätten mitmachen können, bleibt nur die Gegenfrage voller Unverständnis, wieso diese jungen Leute sich für das »Rote Kloster«, wie die Fakultät genannt wurde, beworben hatten, wenn ihnen die in den Medien betriebene journalistische Arbeit nicht zusagte? Oder waren das die jungen Revolutionäre, die schon Jahre vorher wußten, wie alles einmal kommen würde? So wie jener Schüler, der an einem wunderschönen Sommertag aus dem Klassenfenster schaut und fortwährend murmelt: »Heute könnte es klappen! Heute könnte es klappen!« Als der Lehrer ihn fragt, was er damit meine, bekommt er zur Antwort, daß sein Vater immer sage, daß der ganze Laden eines schönen Tages zusammenbreche. Und heute, meint der Schüler, heute könnte es klappen!

Einer dieser Art Kollegen war es dann auch, der 1993 in einer in Berlin erscheinenden Zeitung, die inzwischen mehrfach ihren Namen gewechselt hat, ein ganzseitiges Interview mit mir veröffentlichte, das nie mit mir geführt worden war. In dem Artikel wurden sogar erfundene Aussagen von mir als wörtliche Rede wiedergegeben und mein Comeback nach der Alkoholsperre von 1977 in das Jahr 1988 verlegt.

Die Chemnitzer Ausgabe eines großen Boulevardblattes konnte sich in einem Beitrag nicht einigen, ob ich nun Klaus oder Karl heiße.

Ein anderes Blatt machte mich 1990 zum Pressechef der Kraftfahrzeugorganisation DEKRA mit 2.400 DM Gehalt plus Spesenkonto, plus Sekretärin, plus Dienstwagen. Tatsächlich aber war ich von 1990 bis 1995 Pressereferent bei der DEKRA.

Dafür wurde ich von einem ebenfalls in Berlin erscheinenden Blatt zum Pressesprecher der Deutschen Eisenbahner Gewerkschaft gemacht. Sogar »Gute Fahrt« wünschte mir der freundliche, wenn auch liederlich recherchierende Redakteur noch.

Es ist noch gar nicht so lange her, da konnten die Leser einer Zeitung erfahren, daß ich Nachrichtensprecher in einem Autohaus in Dresden geworden sei. Die Leute rannten dem armen Besitzer die Bude ein, wollten wissen, wann ich wieder bei ihm »auf Sendung« wäre, wollten Autogramme. So erfreulich der Ansturm für das Autohaus war und so schmeichelhaft für mich das Interesse der Dresdner an meiner Person, der Wahrheit entsprach diese Information nicht. Lediglich ein von mir moderiertes Automagazin für den lokalen Dresdner Fernsehsender PTV wurde abwechselnd in zwei Autohäusern und bei der DEKRA aufgezeichnet.

Im Dezember 1990 erfuhr ich aus der bereits erwähnten Boulevardzeitung von einem Mann, der vorgab, alle Machenschaften in der »Aktuellen Kamera« zu kennen, daß unser Studio gesichert gewesen sei wie Fort Knox. Ein Jahr später wurde unser AK-Studio in der gleichen

Im »Cockpit« der AK, 1982

Gazette zum Hochsicherheitstrakt erhoben, in dem man dreimal den Ausweis vorzeigen mußte, bevor man ins Cockpit, das Sendestudio, eingelassen wurde.

Wahr ist, daß man in den AK-Bereich, wie auch in andere Studios, aus denen live gesendet wurde, nur durch codegesicherte Türen gelangte. Diese geheime Zahlenkombination, die in bestimmten Abständen geändert wurde, kannten über 250 Mitarbeiter der »Aktuellen Kamera«. Vielfach konnten die Zahlen, wenn auch etwas versteckt und klein geschrieben, als Notiz oder Eselsbrücke neben der Tür an der Wand entdeckt werden. Selbstverständlich hatten die Livestudios keine normalen Türklinken, mit denen man mal so einfach auch während einer Sendung ins Studio gehen konnte. Da die Erfahrung gezeigt hatte, daß trotz des blinkenden Rotlichts, das auf eine Sendung oder Aufnahme aufmerksam machte, alle möglichen Personen ins Studio latschten, war es hier zu der Sicherheitsvariante mit den Codezahlen gekommen. Und das Cockpit war nicht das Sendestudio, sondern ein Teil des Großraumbüros der Nachrichtenredaktion, in dem die verantwortlichen Tagesredakteure saßen und wo Regisseure, Sprecher und Musikredakteure ihren Platz hatten.

Vorsicht also, wenn sich selbsternannte Insider zu Wort melden.

Eines der vielen bunten Blättchen wußte ganz genau zu berichten, daß ich als erster nach der Wende vom Bildschirm genommen werden mußte. Dabei war ich bereits zum Januar 1990 aus gesundheitlichen Gründen aus dem Fernsehen ausgeschieden.

Anfang September 1989 machte ich meine letzte »Aktuelle«. Dem war vorausgegangen, daß ich Anfang des Jahres das Angebot bekommen hatte, im November nach Zypern zu fliegen und dort auf das FDGB-Urlauberschiff »Arkona« zu steigen, um als Conférencier die Passagiere zu unterhalten. Nun aber, im September, mußte ich wegen einer Angina pectoris in die Charité, doch ich ließ mich vorzeitig gesundschreiben und nahm Arbeitsurlaub, um die Gelegenheit nicht ungenutzt verstreichen zu lassen. In der Nacht vom 9. auf den 10. November 1989 flog ich nach Zypern, die Nacht, in der die Mauer geöffnet wurde. Nach meiner Rückkehr aus Zypern habe ich mich wieder krankschreiben lassen. Doch wegen der langen Kündigungsfristen beim DFF hatte ich schon im Oktober demissioniert. Das Gerücht, ich sei das erste Wendeopfer bei der AK gewesen, ist also Unfug. Ich sollte und wollte kürzer treten. Die Abschlußbeurteilung, die sie mir mitgaben, war ein wenig

Als Sprecher der »AK«, 1964

freundlicher als die vom Rundfunk: »Klaus Feldmann war vom 1. Januar 1963 bis zum 8. Dezember 1989 Nachrichtensprecher der Aktuellen Kamera. Er gehörte in diesen 28 Jahren immer zu den beliebtesten Bildschirmpersönlichkeiten des DDR-Fernsehens und prägte auch entscheidend das Erscheinungsbild der Aktuellen Kamera dieser Zeit. Seine mit hoher fachlicher Präzision gepaarte persönliche Ausstrahlung führte zu breiter gesellschaftlicher Anerkennung usw.« Auch »Vorbild für das gesamte Sprecherkollektiv« sei ich gewesen. Und weiter: »Es zeigte sich jedoch in den letzten Jahren eine zunehmende Instabilität seiner fachlichen und gesellschaftlichen Leistungen. Einhergehend mit gesundheitlichen Verschleißerscheinungen deutete sich an, daß Klaus Feldmann den steigenden physischen und psychischen Belastungen nicht mehr immer in der gewohnten Qualität gerecht wurde. Nach mehreren offenen und ehrlichen Aussprachen wurde dem Wunsch Klaus Feldmanns entsprochen und die Tätigkeit als Nachrichtensprecher der AK beendet ... Wir bedauern sehr sein Ausscheiden und wünschen ihm in seinem neuen Tätigkeitsfeld alles erdenklich Gute. Schickhelm, Chefredakteur.«

Am 8. Januar 1990 habe ich beim FDGB-Bundesvorstand angefangen und dort bis zum September 1990 Pressearbeit gemacht. Ich habe mich auch anderwärts beworben, habe Probeaufnahmen beim Rias und beim SFB gemacht. Es hieß immer: Wir brauchen keine Sprecher. Aber unterschwellig war klar: Nach 30 Jahren AK war ich in ihren Augen zu belastet, sie wollten keine DDR-Altlast.

Nachdem der FDGB mit der DDR verschwunden und im DGB aufgegangen war, wechselte ich im Oktober 1990 zur DEKRA.

Ich habe 26 Jahre im Fernsehen gearbeitet und hatte durch meine gewerkschaftliche Arbeit durchaus auch einen Einblick in die Situation verschiedener Bereiche, und der Flurfunk tat das übrige. Trotzdem würde ich mir nie erlauben zu sagen, daß es so oder so in der Unterhaltung, dem Sport oder der Dramatischen Kunst zugegangen sei. Das sollte man denen überlassen, die Tag für Tag miteinander gearbeitet haben und die wirklich die Interna ihrer Arbeitsbereiche kennen.

Gelegentlich wird auch der Versuch unternommen, Fernsehbereiche oder Redaktionen als Widerstandsne-

Bei der DEKRA, 1993
mit Michael Schumacher

ster darzustellen. Dazu muß der Außenstehende aber wissen, daß jedes gesendete Wort zigmal von mehreren Abnahmegremien begutachtet wurde. Was nicht zu dulden war, wurde verändert oder herausgeschnitten. Die einzige Chance bot noch die Livesendung. Hier konnte schon mal eine unerwünschte Formulierung fallen. War jedoch der gestrengen Obrigkeit die Bemerkung zu »happig«, konnte sie für die Wiederholungssendung herausgeschnitten werden. Daß da keinerlei Rücksicht genommen wurde, beweist die Entfernung der unerwünschten Moderation von O. F. Weidling in der Wiederholungssendung zur Eröffnung des »Friedrichstadtpalastes«. Über Nacht wurde hier in mühseliger Kleinarbeit die Zensorschere angesetzt. Was die

Mit O. F. Weidling

Fernsehchefs mit der Parteizensur im Rücken nicht wollten und auf keinen Fall dulden konnten, wurde auch nicht gesendet. Große Aufregung jedoch herrschte vom Werderschen Markt bis nach Adlershof, wenn trotz aller sozialistischen Wachsamkeit ein dem Klassenfeind dienender politischer Fehler passierte. Das konnte ein Beitrag, eine Formulierung oder ein Fernsehfilm oder Fernsehspiel sein. Was da passierte, sollte wiederum nur der schildern, dessen Kopf gerollt ist.

»1199«, gern als ein Sammelbecken der jungen Fernsehwilden gesehen, entstand per Parteiauftrag. Vor allem aus dem Bereich der »AK« rekrutierte sich die neue Mannschaft und aus bewährten Kräften der Vorgängersendung »RUND«, die mit den X. Weltfestspielen 1973 entstanden war und monatlich am Samstag lief, bis 1987. Direkt angeleitet durch den Zentralrat der FDJ mit Frau Honecker im Hintergrund war so auch ein Devisenfluß möglich, der hochkarätige Pop- und Rockmusiker aus dem Westen zu Auftritten vor die Kameras brachte, wie Bonny Taylor oder Status Quo.

Zu heftigen Kontroversen kam es zwischen kompetenten Mitarbeitern der »AK« und der Leitung des Fernsehens, als bekannt wurde, daß »1199« so eine Art »Mini-Aktuelle« senden sollte, in der es keine protokollastigen Honeckerbeiträge und auch keine lähmenden Erfolgsnachrichten aus Industrie und Landwirtschaft geben würde. Bei uns aber sollte alles so weiterlaufen wie bisher. Wir sollten weiter die Deppen der Nation sein. Schließlich erkannte die Obrigkeit, daß bei der Verwirklichung des geplanten Vorhabens ein Großteil der »AK«-Zuschauer zu der vor uns laufenden »1199«-Sendung abwandern würde. Uns wäre nur noch das Politbüro mit seinen treuesten Anhängern geblieben. Die Argumente der »AK«-Chefs müssen wohl eine gewisse Überzeugungskraft gehabt haben. Die geplante »1199«-Aktuelle lief so nicht.

Es ist nicht zu bestreiten, daß Reporter von »1199« in der Wendezeit als erste sogenannte heiße Themen anpackten, etwa die Politbüro-Siedlung Wandlitz vorstellten, damit Besucherströme provozierten, die sich nach ihren Rundgängen oft enttäuscht äußersten ob der schlichten, wenn auch gut eingerichteten Einfamilienhäuser. Anders war es beim Bekanntwerden der Versorgungsvorzüge im abgeschotteten Sozialistenviertel. Diese Beiträge führten zu landesweiter Empörung. »1199« hatte ebenfalls Anteil an vielen anderen Enthüllungen in der brisanten Zeit der Wende, so auch bei Fakten, die die Stasi betrafen. Wie sich in einigen Fällen später herausstellte durchaus mit Insiderwissen der »Informellen Mitarbeiter«, die aber, nachdem sie aufgeflogen waren, beteuerten, nie jemandem geschadet zu haben.

Wenn ich mir die Namen derjenigen anschaue, die im Fernsehen »Schild und Schwert« zu Diensten waren, dann sehe ich Personen vor mir, die gern mehr sein wollten, als sie waren, und die im Verpfeifen ihrer Kollegen ein paar kleine Vorteile für sich herausholten, sei es nun, schneller zu einem Auto zu kommen oder eine Reise in den Westen genehmigt zu bekommen. Sicher, Geheimdienste mit ihrem umfangreichen Spitzel- und Agentensystem gab es zu allen Zeiten und gibt es bis heute. Nur, die jammern nicht. Oder hat schon mal einer James Bond weinen sehen?

Ich kann auch auf diesen letzten Seiten nicht mit möglicherweise erhofften »Enthüllungen« dienen. Ich wüßte nicht, was ich zu enthüllen hätte. Andere Fernsehmitarbeiter oder in den meisten Fällen Außenstehende sind da vielleicht schlauer. Allerdings muß mir auch kein anderer erzählen, wie es bei der »Aktuellen Kamera« war. Nur eins noch: Trotz der von mir angesprochenen Lethargie gab es durchaus Leute und Grüppchen, die sich über eine Veränderung der Sen-

Bei Cottbus-TV, 1995–97

dung, eine realitätsnahe Sendung Gedanken machten. Nein, das war beileibe kein Widerstand und soll auch nachträglich nicht so bewertet werden. Es war mehr die Suche nach Gleichdenkenden. Und neben dem allem lief das reale Leben weiter, einmal mit bewußtem Engage-

Hobbykoch Klaus Feldmann mit Ehefrau Martina

ment in einer Sache, ein anderes Mal mit vorgetäuschtem Interesse.

Es spielte natürlich eine große Rolle, in welchem Ruf man bei der Leitung stand. Ich galt als guter Sprecher mit einem manchmal losen Mundwerk, aber als loyaler Genosse. Wenn ich mal wieder einen lockeren Spruch losgelassen hatte, folgte eben der pädagogische Zeigefinger oder ein Gespräch unter »vier Augen«. Damit konnte ich leben. Dem Vorsitzenden des Fernsehens, Heinz Adameck, wird heute Hinterhältigkeit aus seiner damaligen nächsten Umgebung nachgesagt. Ich kenne nur den besagten erhobenen Finger.

Abspann

Es kam selten vor, daß wir in der Sendung Mitteilungen der Polizei zu verlesen hatten. Das, was ich heute an Mord- und Totschlag, Raub und Diebstahl in einer Woche lese, habe ich in meiner ganzen AK-Zeit nicht über die Lippen gebracht. Mag sein, daß genauso viel passiert ist und alles verschwiegen wurde. Jedenfalls verschwieg man eines Abends einen Vorfall nicht, und ich hatte die Zuschauer über einen Sexualstraftäter zu informieren, der den Polizeibehörden bekannt, aber flüchtig war und nun per Fahndungsfoto gesucht wurde.

»Die Volkspolizei bittet die Bevölkerung um Mithilfe.« Ich las weiter, daß er das und das begangen, sich zuletzt dort und dort aufgehalten und welche Kleidungsstücke er getragen habe. Zweckdienliche Hinweise nehme jede Polizeidienststelle entgegen. Mit den Worten: »Sehen Sie hier ein Bild des Gesuchten«, wurde die Meldung abgeschlossen. Als ich nach diesem Satz auf den Kontrollmonitor schaute, wartete ich vergeblich auf die Einblendung eines Fotos des Straftäters. Das Schicksal wollte es, daß unser Bildredakteur dieses Foto nicht mit einsortiert hatte. Stattdessen wurde ich den Zuschauern eine ganze Weile gezeigt, bis die Regie kurzerhand die Wetterkarte einblendete.

Zu dieser wahren Begebenheit entwickelte ich für meine Auftritte bei öffentlichen Veranstaltungen noch einen Gag und erzählte die Geschichte folgendermaßen zu Ende:

Am nächsten Morgen klingelte es frühzeitig bei mir an der Wohnungstür. Ein Polizist stand im Treppenflur. Ich sei doch gestern abend als Tatverdächtiger gezeigt worden, und nun hätte er die undankbare Aufgabe, mich nach einem Alibi für die Tatzeit zu befragen, reine Formsache. Wann soll das denn gewesen sein, fragte ich. Die Uniformierte nannte die Stunde, und ich konnte ihm mitteilen, daß ich zu dieser Zeit die »Aktuelle Kamera« gesprochen hätte. »Na, prima«, sagte der Genosse Volkspolizist. »Nur noch eine Frage: Hat Sie da jemand gesehen?«

Wie viele Zuschauer wir tatsächlich bei der »Aktuellen Kamera« hatten, kann ich nicht sagen. Es soll wohl offizielle Zahlen gegeben haben, wie sie ermittelt wurden, entzieht sich meiner Kenntnis, ebenso wie die Zahlen selbst, denn sie wurden nicht veröffentlicht. So konnte man daraus schließen, daß sie weit entfernt von Wahlprozenten lagen. Besonders die mitternächtlichen oder noch später ausgestrahlten Schlußnachrichten hätten die Äußerung zugelassen: »Guten Morgen, Mutter, du sollst doch nicht so lange aufbleiben.«

Anfänglich kam es nur an Sonnabenden vor, daß die Schlußnachrichten nach Mitternacht über den Sender gingen. Trotzdem begrüßten wir die Zuschauer mit »Guten Abend, meine Damen und Herren.« Eigentlich ist das Quatsch, dachte ich. Der Abend ist längst vorbei. Wenn man den Zuschauern etwas wünscht, kann es nur ein guter Morgen sein. Vielleicht ritt mich auch wieder mal der Teufel, und ich wollte tatsächlich wissen, ob da überhaupt einer mitbekäme, was man um diese Zeit von sich gab. Jedenfalls begann ich die Nachrichten mit »Guten Morgen, meine Damen und Herren!« Als ich in die Redaktion zurückkam, drückte man mir schon den Telefonhörer in die Hand und flüsterte: »Der Kleine.« Also Intendant Adameck. Er ließ mich wissen, daß trotz der späten Stunde das doch nicht die richtige

Ansage sei. Und außerdem solle ich nicht immer davon ausgehen, die Nachrichten würde um diese Zeit keiner mehr sehen. Er jedenfalls gucke.

Als ich wieder einmal spät abends beziehungsweise frühmorgens hätte »Guten Morgen, Mutter« sagen können, muß mir tatsächlich das Fell gejuckt haben, denn in der Regie hörten sie mich sagen: »Meine Damen und Herren, auch wenn es schon spät geworden ist, noch einmal Nachrichten. Denn einer sieht immer.«

Aber der eine muß wohl doch nicht ferngesehen haben, die Bemerkung blieb ohne Folgen.

Fotos: Archiv Feldmann. Nicht alle Urheber waren zu ermitteln, berechtigte Honoraransprüche bleiben erhalten.

ISBN-10: 3-360-01277-1
ISBN-13: 978-3-360-01277-7

Rosa-Luxemburg-Str. 39, 10178 Berlin
Umschlaggestaltung: ansichtssache – Büro für Gestaltung, Berlin
Druck und Bindung: Salzland Druck, Staßfurt

Die Bücher des Verlags Das Neue Berlin
erscheinen in der Eulenspiegel Verlagsgruppe.

www.das-neue-berlin.de